Frank Hübener
Reservistenkrüge und Reservistenpfeifen

Fotos Günter von Voithenberg

Frank Hübener

Reservistenkrüge und Reservistenpfeifen

Erinnerungen an die Militärdienstzeit

Callwey Verlag München

Zu Seite 2/3:
Fig. 1–4   vgl. die Abb. 173, 86, 110 und 134

CIP-Kurztitelaufnahme der Deutschen Bibliothek
Hübener, Frank
Reservistenkrüge und Reservistenpfeifen:
Erinnerungen an d. Militärzeit / Frank Hübener. Fotos
Günter v. Voithenberg. – München: Callwey, 1982.
ISBN 3 7667 0613 6
NR: Voithenberg, Günter von

© 1982 by Verlag Georg D. W. Callwey, München
Alle Rechte vorbehalten, auch die des auszugsweisen Abdruckes,
der photomechanischen Wiedergabe und der Übersetzung
Schutzumschlagentwurf   Baur + Belli Design, München,
unter Verwendung der Abbildung 168
Herstellung   Heide Hohendahl, München
Satz, Montage und Druck   Kastner & Callwey, München
Lithos   Brend'amour, Simhart GmbH & Co., München
Bindung   Grimm & Bleicher, München
Printed in Germany
ISBN 3 7667 0613 6

Inhalt

Textteil

Vorwort	7
Die Entstehungszeit: das späte 19. Jahrhundert	8
Das Material der Krüge	9
Die Ausgestaltung des Krugkörpers mit Malerei und Druck	10
Die Ausformung des Deckels	15
Die Symbolik der Daumenrast	17
Die Keramikmanufaktur Mettlach und ihre Reservistenkrüge	18
Sammelrichtungen	23
Alt oder neu – woran erkennt man Reproduktionen?	24
Bewertungsmaßstäbe	25
Die Reservistenpfeifen	26
Hersteller von Reservistenkrügen und -pfeifen	33
Einteilung und Stärke der Streitkräfte des Deutschen Reiches	34
Der Militärdienst in der deutschen Armee bis 1918	39

Bildteil

Infanterie-Regimenter	41
Jäger-Bataillone	92
Bayerische Militär-Andenkenkrüge	96
Kavallerie-Regimenter	98
Feld-Artillerie-Regimenter	121
Pionier-Bataillone	150
Train-Bataillone	154
Eisenbahn-Regimenter	156
Luftschiffer-Abteilung	160
Marine-Einheiten	162
Österreichische Reservistenpfeifen	170

Anhang

Danksagung	174
Museen und Bibliotheken	175
Übersicht über die Garnisonen und Uniformen der Streitkräfte des Deutschen Reiches	177
Literatur	212
Register	213

Vorwort

»Sammler sind glückliche Menschen.«

Wenn ein Sammler ein neues Stück erwirbt, wenn er seine Kenntnisse über das Sammelgebiet vervollständigen oder mit Gleichgesinnten fachsimpeln kann, vergißt er den Alltag. Er befindet sich stets auf der Jagd, denn ganz vollständig wird seine Sammlung selten.

Was fasziniert nun so viele Menschen an Reservistenkrügen und -pfeifen?

Sind es Äußerlichkeiten, wie die Form des Kruges, ist es die oft farbenreiche und fachmännisch von »echten Künstlern« aufgetragene Bemalung, ist es das Bodenbild mit einer deftigen Wirtshausszene, dem Porträt des Monarchen oder etwa eines schönen Frauenzimmers?

Auch die Deckel, mit vielerlei Motiven kunstvoll und solide gearbeitet, erfreuen sich großer Wertschätzung. Manche Zimmerwand ist mit reich bemalten Reservistenpfeifen geschmückt. Da sie mit ihren oft bis zu einem Meter langen Pfeifenrohren leicht zerbrechen können, sind einwandfreie Stücke heute rarer als Krüge.

Jeder Reservistenkrug und jede Pfeife stellt ein historisches Dokument aus dem Soldatenleben der »Alten Armee« dar. Die Erinnerung an glorreiche, jahrhundertealte Regimenter, längst untergegangene Garnisonen im Osten und deren Traditionsleben wird beim Betrachten der Stücke geweckt. Es wächst der Wunsch, mehr über den Gegenstand zu wissen und zu erfahren.

Dieses Buch versucht, hierzu möglichst viele Fragen zu beantworten und darüber hinaus Hintergrundinformationen zu geben, um eine Sammlung nach historischen Gegebenheiten ausbauen und ergänzen zu können. Nicht zuletzt soll der Sammler durch die exakte Schilderung der gebräuchlichen Reproduktionstechniken vor teuren Fehlinvestitionen bewahrt werden, um ihm dadurch seine Freude an den Krügen und Pfeifen aus der »guten, alten Zeit« zu bewahren.

Da aber die Reservistenkrug- und Pfeifenforschung noch in den Anfängen begriffen ist, kann der vorliegende Beitrag auch nicht umfassend und endgültig sein.

Man müßte vor allem noch mehr erfahren über die Maler, die Rohlingslieferanten und die Händler. Wo waren noch welche ansässig, und an welchen speziellen Merkmalen kann man sie bzw. ihre Arbeit erkennen? Alte Musterbücher, Rechnungsbelege und Korrespondenz könnten dazu dienen, manche bisher nur vermutete Zuschreibung zu untermauern.

Der Autor wird daher bemüht sein, weiter Fakten zu sichten und auszuwerten. Er ist dankbar für alle Hinweise, die der Sammlerschaft nutzbar gemacht werden können.

Die Entstehungszeit: das späte 19. Jahrhundert

Die meisten heute noch existierenden Reservistenkrüge, -bilder, -pfeifen, -flaschen, -urkunden usw. entstanden in der Zeit um die Jahrhundertwende. Vor 1875 stößt man nur auf Einzelstücke. Diese sind zumeist als Liebhaberanfertigungen anzusehen.

Welche Ursachen lagen überhaupt dem Phänomen »Reservistenartikel« zugrunde?

Schon lange vor dem Sieg über Frankreich 1870/71 hatte sich vieler Deutschen ein starkes Gefühl der Zusammengehörigkeit bemächtigt. Im neuen Kaiserreich vereint, glaubten sie nun am Ziel ihrer politischen Wünsche zu sein – für sie war das »Reich« wiedererstanden. Vor allem aber hatte der Sieg über Frankreich dem Militär unerhörtes Ansehen verschafft, und der Soldat genoß eine heute kaum vorstellbare Achtung. Die Nachteile des Soldatenlebens nahm man als unvermeidlich in Kauf, wenn man sie überhaupt als solche ansah.

Hatte er nun seine Dienstzeit beendet, so kaufte sich der angehende Reservist zur Erinnerung daran ein Andenken – einen Krug oder eine Pfeife. Die durchschnittliche Zahl von 250000 ausscheidenden Rekruten pro Jahr angenommen, läßt leicht schätzen, daß einige Millionen Krüge existiert haben müssen.

Mit dem Kauf eines Reservistenkruges dokumentierte der Reservist darüber hinaus seine Verbundenheit mit dem Herrscherhaus, mit der Armee und natürlich besonders mit seiner Einheit. In seinem Wirtshaus oder daheim in seiner Wohnung war dieser Krug für ihn reserviert.

Krüge, Pfeifen und Gläser zur Erinnerung zu kaufen oder zu verschenken, war in Deutschland schon eine alte Tradition. So zeigen Studentenpfeifen um 1800 oft eine Abbildung ihrer Universitätsstadt und die Aufschrift: »Zur Erinnerung an meine Studienzeit«. In Schriftleisten, vor allem um den Pfeifenkopf, wurden die Namen der Studienkameraden festgehalten.

Die meisten frühen Reservistenkrüge stammen aus Bayern, und die ersten derartigen Krüge dürften in München aufgetaucht sein.

Als Krughersteller und Händler in anderen Garnisonsstädten sahen, daß sich damit ein einträgliches Geschäft machen ließ, breiteten sich Herstellung und Absatz auch in anderen Teilen Deutschlands aus. Selbst jenseits der Reichsgrenzen kamen Reservistenartikel in Mode. So sind Stücke in Österreich und Frankreich nachgewiesen. Sie erreichten jedoch nie die Popularität wie im Deutschen Reich.

Während des Ersten Weltkrieges ruhte die Produktion von Reservistenkrügen. Manche Sammler besitzen aus ehemaligen Herstellerlagern »Porzellanrohlinge«, also Krüge, die aufgrund der Kriegsereignisse nicht mehr fertiggemacht wurden und als unabsetzbare Produkte in einer Lagerecke liegenblieben.

Als während des Dritten Reiches der »Wehrstand« wieder zu hohen Ehren kam, tauchten auch erneut Reservistenkrüge auf. Aber weder in der Aufmachung noch im

Aussehen konnten sie an ihre Vorgänger anknüpfen. Sie blieben wenig beachtete Einzelstücke.

Das Material der Krüge

Der Reservistenkrug wurde aus den gleichen Materialien hergestellt wie die Krüge der übrigen Krugproduktion. Der Form nach gehören sie zur Gruppe der Walzenkrüge. Am beliebtesten und am weitesten verbreitet wurde der Porzellankrug, da sich seine glatte, schneeweiße Oberfläche besonders gut zur Bemalung und weiteren Bearbeitung eignete.

Fig. 5 Bodenbild mit der Darstellung einer Abschiedsszene. Der ursprüngliche Besitzer dieses Kruges war ein Angehöriger des Feld-Artillerie-Regiments 63, Frankfurt/M. 1913/14, Porzellan, Ø des Bodenbildes ca. 7 cm.

Ihm folgte in der Wertschätzung der Keramik- oder Steingutkrug, dessen Grundsubstanz der gebrannte Tonscherben ist. Die zumeist blaß-beige glatte Oberfläche nimmt Farbe ebenfalls gut auf.

Weniger beliebt war und blieb bis heute der Steinzeugreservistenkrug. Seine leicht körnige, porös wirkende Oberfläche ließ Farbe und Stahldruck nicht so gut haften, so daß die Farben auf diesen Krügen im Gegensatz zu den übrigen weniger leuchten und blaß wirken. Die Firma Villeroy & Boch stellte, soweit bekannt ist, ausschließlich Steingutreservistenkrüge her.

Glaskrüge waren eine absolute Ausnahme im Fertigungsprogramm der Hersteller. Wahrscheinlich ließ sich der angehende Reservist seinen Glaskrug als Einzelstück anfertigen. Heute sind kaum noch Stücke erhalten.

Ausschließlich bei Porzellankrügen sind Bodenbilder zu finden. Solche Bodenbilder entsprachen dem Geschmack der Zeit. Sie sind auch bei vielen anderen Bierkrügen anzutreffen. Das durchsichtige Bodenbild wurde möglich durch eine Differenzierung der Porzellanstärke.

Unter den Bodenbildern läßt sich eine besonders große Motivvielfalt feststellen. Bei den meisten handelt es sich um irgendwelche Abschiedsszenen: Ein Rekrut verabschiedet sich von seinem Mädchen, seiner Frau, seiner Mutter. Als Hintergrund dient ein Dorf oder ein Eisenbahnzug, besetzt mit Soldaten. Wieder andere Bodenbilder zeigen Porträts oder Ganzdarstellungen junger Damen, oft in Tracht, die sich häufig an Defregger-Gemälde anlehnen.

Bei bayerischen Krügen wurde oft das Brustbild Ludwigs II. verwendet. Manche Bodenbilder zeigen auch eine Inschrift, z. B. »Parole Heimat«.

Bei frühen Krügen lassen sich häufig Motive feststellen, die in keinem Bezug zum Reservistendasein stehen, so z. B. bayerische Wirtshausszenen, Jagddarstellungen u. ä. Wahrscheinlich entstammen diese Krüge der allgemeinen Bierkrugproduktion und wurden nachträglich mit Reservistenmotiven bemalt. Sie entstanden meist vor der Jahrhundertwende.

Fig. 6 Vorlageblatt aus dem Vorlagebuch der Fa. Gebr. Bergmann, München, Hohenzollernstraße 158. Seltene Darstellung eines Sanitätszuges, um 1900.

Die Ausgestaltung des Krugkörpers mit Malerei und Druck

Postkarten und Reisebücher dienten als Motivvorlagen

Das 19. Jahrhundert war die große Zeit der Schlachten- und Militärmaler. Diese stellten auf ihren Gemälden neben Kampf- und Gefechtsszenen aus früheren Epochen auch das Leben und Ereignisse der kaiserlichen Armee dar. Solche Szenen wurden dann oft, soweit sie geeignet schienen, von Krugmalern sehr kunstvoll und detailreich auf den Krug übertragen.

Selbstverständlich gab es daneben auch Künstler, die sich von ihren eigenen Vorstellungen leiten ließen und den Dekor selbst entwarfen. Da sie aber oft nicht am Garnisonsort wohnten und diesen daher nicht kannten, dienten ihnen Postkarten, Reisebücher, Jahrbücher sowie Ortsbeschreibungen aus Lexikas als Hilfe, um Kasernen, Festungen oder sonstige Charakteristika der Garnisonsorte möglichst naturgetreu zeichnen zu können.

Bemalte solch ein Künstler anfangs die Krüge direkt, so zeichnete derselbe Mann später häufig die Vorlagen für die Stahlstiche, mit deren Hilfe die Krüge dann bedruckt wurden.

Dabei kam es zu folgenden Arbeitsvorgängen: Ein Graveur stach ein ihm vorliegendes Motiv seitenverkehrt in eine Stahlplatte. Diese Stahlplatte wurde anschließend in eine Presse eingelegt und gefärbt. Nun bedruckte man damit Papier, das leicht angefeuchtet an den Krug gepreßt wurde, bis sich die eingefärbten Konturen auf diesen übertragen hatten. Dabei mußte man aufpassen, daß das Papier nicht verrutschte. War die Kontur nach dem Erstbrand am Krug getrocknet, konnte man mit dem Ausmalen und Beschriften der Umrisse beginnen. Manchmal wurde der Hintergrund (Berge, Wälder usw.) noch mit Freihandbemalung versehen. Anschließend kam der Krug erneut zum Brennen in den Ofen. Bei Temperaturen um 1000 Grad C verband sich die Farbe mit der Krugoberfläche.

Eine derartige Bemalung eines Kruges mit Hilfe von Konturen stellte eine bereits rationelle Form der Produktion dar. Sie hatte sich als notwendig erwiesen, um einmal der steigenden Nachfrage gerecht zu werden und zum anderen den Kaufpreis für den Rekruten entsprechend erschwinglich zu halten. Der verhältnismäßig niedrige Sold setzte dabei ziemlich enge Grenzen. Je nach Ausführung betrug der damalige Kaufpreis etwa 7,– RM. Preiswerter wurden die Mettlach-Krüge angeboten. Je nach Ausführung kosteten sie zwischen 1,70 und 2,10 RM, wobei noch der Preis für das Motiv und die Beschriftung hinzukamen. So ergab sich auf jeden Fall eine Summe, die einen beträchtlichen Teil des monatlichen Soldes in Anspruch nahm. In den meisten Fällen mußte sich der angehende Reservist das Geld für das gute Stück im Laufe mehrerer Monate zusammensparen.

Wie bei der Krugherstellung bildete sich vor allem München als Metropole der Stahldruckhersteller heraus. Erst um die Jahrhundertwende nahmen dann auch Hersteller im gesamten Reichsgebiet Reservistenkrugmotive mit in ihr Programm auf.

Das Geschäft mit den Reservistenkrügen muß ziemlich lukrativ gewesen sein, da die Produktion kaum Schwierigkeiten bereitete und größtenteils mit kurzfristig angelerntem Personal zügig vorgenommen werden konnte.

Die Zahl der verschiedenen Stahldruckmotive ist schwer schätzbar, dürfte aber in die Tausende gehen. Eine annähernd komplette Sammlung aufzubauen ist daher kaum möglich.

Die größte Vielfalt an Motiven findet sich im Bereich der Infanteriekrüge. Diese Differenzierung wird verständlich, wenn man bedenkt, daß der überwiegende Teil der »Alten Armee« aus »Stoppelhopsern« bestand.

Etwa ab 1908 ist dann eine zunehmende Einengung der Motivbereiche festzustellen. Die Gründe dafür könnten sowohl bei den Herstellern als auch bei den Rekruten zu suchen sein. So wäre es möglich, daß ein Hersteller vom anderen beliebte Motive übernahm und nur noch diese anbot. Oder er beschränkte aufgrund von Anregungen seines Wiederverkäufers sein Angebot auf die meistverkauften Stahldrucke. Das kann wiederum die Ursache dafür gewesen sein, daß sich bei den Soldaten allmählich eine ganz bestimmte Vorstellung entwickelte, wie ein Reservistenkrug auszusehen habe.

Ferner ist sicher nicht auszuschließen, daß es einigen Fabrikanten mit der Zeit gelungen war, ihr Liefergebiet, das anfangs regional eng begrenzt war, auf große Teile des Reichsgebietes auszuweiten. Für diese letzte Hypothese spricht das gute Geschäft, das mit der Ware zu machen war.

So perfekt die routinierten Stahldrucke der Spätphase wirken, so sehr differiert die Qualität bei den handgemalten Stücken. Dem Zeitgeschmack entsprechend war die Malerei naturalistisch. Während manche Maler Wert auf eine heroisierende Darstellungsweise legten, versuchten andere ihren Porzellanbildern eine fröhliche, ja sogar leicht spöttische Note zu verleihen.

Die angesprochenen Qualitätsunterschiede in der Malerei sind bei einem Vergleich handgemalter Krüge leicht festzustellen.

Gleicht die Malerei auf dem einen Krug eher einer Karikatur, tragen andere Reservistenkrüge eine Bemalung, die, von Meisterhänden ausgeführt, sich durch harmonische Farbzusammenstellung, Ausgewogenheit in der Flächenausnutzung sowie detail- und proportionsgerechte figürliche Darstellung auszeichnet. Solche Spitzenstücke, gleich welcher Waffengattung, sind herausragende Bestandteile jeder Sammlung. Ihre Bewertung liegt weit über vergleichbaren Abziehbildkrügen.

Ebenso unterschiedlich wie die Malerei waren auch die Ausführenden. Von oberflächlichen Schnellzeichnern über handwerklich sauber arbeitende Routiniers bis hin zum meisterlichen Porzellanmaler war alles vertreten. Nicht selten widmeten sich Kunststudenten oder Künstler, deren Auftragsbücher gerade etwas dünn waren, nebenbei der Reservistenkrugmalerei. In der Regel verfügten die Hersteller jedoch über feste Mitarbeiter, die ihr Handwerk gelernt hatten. Sie sind bis heute weitgehend anonym geblieben.

Fig. 7 Vorlageblatt der Fa. Bergmann mit der Darstellung einer bayerischen Artillerieeinheit mit verschiedenen Feldszenen sowie einer Abschiedsszene

Die Begrenzung des Bildes

Das Bild auf den Krügen wird oben und unten durch umlaufende Zierringe eingegrenzt. Am häufigsten waren diese Ringe schon durch die Krugform vorgegeben, d. h., der bestehende umlaufende Wulst brauchte nur noch mit Bemalung oder einem Stahldruck versehen zu werden. Die Auszier des Wulstes ist äußerst variationsreich. Einfachste Variante ist eine schlichte, einfarbige Bemalung, vielleicht noch durch einen andersfarbigen Mittelstreifen kontrastiert.

Bei bayerischen Krügen ist besonders der Ober- und Unterwulst als Eichenkranz, umwunden mit den weiß-blauen Landesfarben, anzutreffen.

Württembergische Krüge weisen gleichfalls oft den Eichenkranz auf, der dann mit einer einfarbigen Girlande umwickelt ist.

Beliebt waren außerdem neutrale umlaufende Blumen- und Blattdekore, die schon in der Krugform vorgesehen waren und nur noch farblich abgestimmt werden mußten.

Namenleisten

Neben den soldatischen Darstellungen zeigen die meisten Krüge eine oder mehrere Namenleisten. Diese sind in allen Fällen handschriftlich aufgetragen. Krüge ohne Namenleisten sind am häufigsten bei Exemplaren vor der Jahrhundertwende zu finden.

In der Regel ziehen sich die Namenleisten an beiden Seiten des Henkels hin, wo die Namen der Reservisten vom oberen bis zum unteren Henkelansatz vermerkt wurden. Der Name des Kruginhabers selbst wurde hierbei ebenfalls mit aufgeführt. Die weitere Aufzählung erfolgte alphabetisch. Neben der Aufreihung der Reservisten sind seltener noch die Einjährig-Freiwilligen, die Unteroffiziere und Offiziere der Einheit mit aufgeführt.

Vornehmlich im hessischen Raum wurden die Namenleisten auch als beschriftete Säulen, die das mittlere Bild einrahmten, gestaltet. Den oberen Säulenabschluß bildeten entweder das Hoheitszeichen, der bekrönte Adler vor Flaggenschmuck, oder eine Allegorie bzw. Parole, z. B. »Parole Heimat«. Da auf den Namenleisten fast ausschließlich die Nachnamen der Reservisten vermerkt wurden, mußte bei mehrfach auftretenden Namen eine Kennzeichnung durch römische oder arabische Zahlen erfolgen. Obgleich zwei Leisten die Regel bildeten, sind auch Krüge mit drei oder vier Leisten bekannt. Außerdem finden sich vereinzelt Stücke, auf denen das Namenverzeichnis als am oberen Krugrand umlaufendes Band aufgetragen wurde.

Auf frühen Krügen steht manchmal statt der Namenleiste ein Lobspruch, so z. B. auf einem Kavalleriekrug:

Wer kennt wohl nicht die Reitersleut'
auf leichten, flinken Rossen;
im schmucken, blauen Waffenkleid
stets froh und unverdrossen.
Doch wenn es gilt in Kampf und Streit
das scharfe Schwert zu schwingen,
wie Wetterschlag und Sturmgebraus
sie in die Feinde dringen!
Hurrah!

Losungsreime

Höchst unterschiedlich sind die Losungsreime, die sich auf einer Vielzahl von Reservistenkrügen befinden. Sie loben das Bier, das Manöverleben, die Truppe, den Reservisten oder die Wehrpflichtzeit. Hier sei eine kleine Auswahl wiedergegeben:

Steh ich im Feld, mein ist die Welt.
Gerstensaft und Hopfen, gibt den besten Tropfen.
Stoßt die Gläser an, hoch lebe der Reservemann!
Kanonendonner ist unser Gruß.
Wer Deutschlands Grenze hat bewacht, hat als Soldat was mitgemacht.
Wir dienten treu am Havelstrand, mit Gott für König und Vaterland.
Liebchen ade, scheiden tut weh!
Wir dienten an dem Isarstrand zum Schutze für das Vaterland.
Eisen, Stein und Marmor bricht, Reserve 96 zittert nicht.
Du warst mein Trost in trüben Stunden, das hab ich als Soldat empfunden!
Das allerbeste Kriegesheer kann ohne uns nichts machen, die Siegesgöttin lacht
    nicht eher als bis Kanonen krachen.
Schön ist's unter freiem Himmel.
Wo Chevaulegers attackieren, muß der stärkste Feind verlieren.
O wie Wohl ist dem zu Muth, der die letzte Wache thut.
Mädchen laß das Weinen sein, bald treten wieder Rekruten ein.
Die Trommel ruft zum Scheiden, drum mein Mädchen lebe wohl.
Wer treu gedient hat seine Zeit, dem sei ein voller Krug geweiht.
Stolz zu Roß die Cavallerie, auf dem Posten spat und früh.
Hier leg ich meine Waffen nieder, und kehre froh zur Heimat wieder.
Kann's was schön'res geben als Soldatenleben?
Hoch die tapf're Infanterie, auf dem Posten spät und früh.

Die Ausformung des Deckels

Die »Krönung« des Kruges stellt der Deckel dar. Schon seine dekorative Aufmachung soll oft auf den Truppenteil hinweisen, bei dem der Soldat gedient hat. Die meisten Krüge tragen Zinndeckel; es gibt aber auch solche, die mit Glas, Porzellan, Steinzeug oder Geschoßspitzen verfeinert oder zusätzlich verziert waren. Der reine Zinndeckel wurde in Eisenformen gegossen. Auf viele frühe Krugdeckel aller Waffengattungen trifft zu, was auch für frühe Krüge selbst gilt und schon erwähnt wurde: Sie tragen kein Militärmotiv, sondern sind offensichtlich der laufenden Bierkrugdeckelproduktion entnommen.

Die häufig vorkommenden Infanteriekrüge zeigen den Soldaten in stehender, oft in sitzender Haltung. Der sitzende Rekrut prostet seinem Kameraden mit einer Flasche oder einem Krug zu.

In der Form scheinen sich auch regionale Verschiedenheiten auszudrücken. In Süddeutschland sind zwei Haupttypen anzutreffen: 1. Württembergische Deckel zeigen häufig zwei Soldaten, die sich zum Abschied die Hände reichen. Während der angehende Reservist locker dastehend die Mütze schwenkt, hat der Weiterdienende sein Gewehr bei Fuß. – 2. Bayerische Deckel zeigen meistens einen stehenden Infanteristen, der wohl den ausscheidenden Rekruten darstellen oder auch allgemein die Waffengattung symbolisieren soll.

Im mitteldeutschen Raum ist als Deckelauszier häufig eine Szene mit zwei Infanteristen zu finden, von denen einer verwundet ist.

Neben diesen gebräuchlichen Formen ist noch eine große Anzahl weiterer Deckelmotive bekannt.

Eisenbahn:	Lokomotive, Adler, Prisma, glatte Oberfläche
Feld-Artillerie:	Kanone (Mod. 98/77 mm) mit einem oder zwei Kanonieren, Geschoßoberteil, Reiter
Fuß-Artillerie:	Kanone (Mod. 98), Geschoßspitze, Reiter
Jäger:	Jäger in verschiedenen Positionen, Tschako (auf Hirschhornscheibe), neutrale Dekoration
Infanterie:	Soldat in Schießhaltung, Gewehr bei Fuß, auf Wache, neben Wappen, hilft Verwundetem, steht auf Deckel in Geschoßhülsenform. Ferner sind auf Infanteriekrügen anzutreffen: bekrönte Deckel bei Leibregimentern; normale Bierkrugdeckel, Schraubdeckel mit darunterliegendem Prismenglas über Garnisonsmotiv

Kavallerie:	Chevaulegers, Kürassiere, Dragoner, Husaren, Jäger zu Pferde; Schwere Reiter zeigen als Deckelmotiv einen Reiter ihrer Gattung
Luftschiffer-Bataillone:	Adler mit Orden im Schnabel (Preußen), Prisma
Marine:	Matrose mit der Reichsflagge
Motorisierte Einheit:	Prisma, neutrale Dekoration
Pioniere:	sitzender Rekrut, Matrose, Anker
Telegraphenverbände:	Reiter, Krone, Prisma, neutraler Dekor
Train:	Prisma, Reiter, Relief, Krone

Sicher ist diese Aufzählung nicht vollständig und könnte noch wesentlich erweitert werden.

Neben dem Hauptmotiv befinden sich auf den meisten Deckeln noch zusätzliche, meist reliefierte Motive, Verzierungen und Parolen.

Besonders bei den hohen Schraubdeckeln der Marine trifft dies zu. Sie zeigen oft umlaufend gut dargestellte Schiffgefechtsszenen. Die Hersteller ließen ihre Motive häufig gesetzlich schützen.

Wurden nun auch Reservistenkrüge verkauft, die keine Deckel hatten? Es existieren heute tatsächlich viele Krüge ohne Deckel. An den sonst üblichen Befestigungsstellen sowie an der Deckelauflage am Krugrand sind dabei oft keine für einen einmal vorhandenen Deckel typischen Spuren zu erkennen. Eine Nachprüfung im Mettlach-Katalog ergab, daß die Krüge grundsätzlich ohne Deckel angeboten wurden. Erst gegen einen erheblichen Aufpreis wurde gedeckelt. Somit sind auch Stücke ohne Deckel aufgrund ihrer generellen Aussagekraft sammelwürdig, doch werden sie wegen dieses Mangels um etwa 20–25% geringer bewertet. Krüge, die mit einem alten, zum Krug passenden und fachmännisch montierten Deckel in späterer Zeit ergänzt wurden, werden im allgemeinen nur mit geringem Abschlag gehandelt. Wenig stilvoll ist es dagegen, auf einen alten Krug einen neuen, oft primitiv gefertigten Deckel zu montieren. Ehe ein solcher Stilbruch begangen wird, sollte der Krug ruhig so lange ohne Deckel belassen werden, bis ein passendes altes Stück gefunden ist.

Weitere Deckelauszier

Neben der geschilderten, meist spezifischen Deckelgestaltung ist der Deckel auf seiner übrigen Fläche häufig mit Ornamenten, Emblemen, Girlanden, Waffen, Wappen, Orden, Allegorien und Sinnsprüchen wie »Reserve hat Ruh« oder »Leb' wohl« versehen.

Solche Ausformungen treten deutlich erhaben und ziemlich gleichmäßig aus dem Deckel hervor.

Die Symbolik der Daumenrast

Meist ist die Daumenrast ebenfalls mit einem Militärmotiv verziert. Häufig finden sich im bayerischen Raum Krüge mit dem wappenhaltenden Löwen als Daumendrücker, während in Preußen der Adler in verschiedenen Variationen vorherrschte. Hier eine Zusammenstellung der bekanntesten Drückermotive:

Bayern: Löwe, Löwe wappenhaltend
Preußen: Adler, bekrönt oder unbekrönt, manchmal mit Orden im Schnabel
Sachsen: Landeswappen

Abweichende Formen einzelner Waffengattungen:

Artillerie: Reiter, Adler, hl. Barbara als Schutzheilige der Artillerie
Eisenbahnverbände: Rad, geflügeltes Rad, oft neutrale Deckel
Jäger: St. Hubertus-Hirschkopf
Marine: Anker und Spaten

Fig. 8 Daumenrast in Form eines bekrönten Adlers

Die Keramikmanufaktur Mettlach und ihre Reservistenkrüge

Der Reservistenkrugforschung steht noch eine schwierige und langwierige Aufgabe bevor, nämlich das Dunkel um die vielen größeren und kleineren Krughersteller zu lichten.

Lediglich von einem Hersteller liegen genauere Angaben über Produktion, Verarbeitung und Tradition seiner Erzeugnisse vor: Es ist dies das Haus Villeroy & Boch, heute weltgrößter Hersteller von Erzeugnissen aus Hartsteingut, Porzellan und Feuerton in Mettlach im Saargebiet.

Die Geschichte des Hauses begann bereits im Jahre 1748. Damals stellte François Boch in seiner Töpferwerkstatt in dem lothringischen Dorf Audun-le-Tiche Töpfe, Schalen und anderes Geschirr aus Ton her. Auch die Familie Villeroy in Wallerfangen an der Saar war auf diesem Handwerksgebiet bereits tätig. 1767 gründete Peter Joseph Boch die Faïencerie Septfontaines in Luxemburg; 1809 kam es zur Gründung der Faïencerie in Mettlach an der Saar durch Johann-Franz Boch-Buschmann, und noch heute verwendet die im Jahre 1836 durch Vereinigung entstandene Firma Villeroy & Boch als Signet einen Umriß der Ruine des einstigen Firmensitzes – der alten Benediktinerabtei Mettlach. Eugen Boch, der Sohn von Johann-Franz Boch, heiratete 1842 Oktavie Villeroy. 1843 entstand die Cristallerie Wadgassen, 1869 wurde die Mosaikfabrik in Mettlach gegründet, und 1879 erwarb die Firma die Terrakotta-Fabrik Merzig an der Saar. Weitere Unternehmenszweige zur Herstellung vor allem von Fliesen kamen im Lauf der nächsten Jahrzehnte hinzu. Ab 1905 produzierte man im Werk Dresden Sanitärkeramik.

In den achtziger Jahren des vorigen Jahrhunderts nahm dann die Mettlacher Geschirrfabrik die Herstellung von Steinzeug auf, nachdem es schon 1843 zu einer ersten Phase der Steinzeugfabrikation gekommen war, die jedoch bald wieder eingestellt wurde.

Der erste Reservistenkrug findet sich im Verkaufskatalog von 1899 unter der Produktionsnummer 2140. Wir finden unter dieser Nummer zwei Varianten: einen gelblichen glatten Krug zu 0,80 RM und einen mit farbig glasiertem Rand zu 1,– RM. In einer erhalten gebliebenen Preisliste tauchten beide Varianten 1905 wieder auf, was dafür spricht, daß Villeroy & Boch kaum Änderungen am Stück vornahm. Soweit nachweisbar, produzierte man ausschließlich Halbliter-Reservistenkrüge. Mettlach-Krüge tragen auf der unteren Bodenseite das Mettlach-Signet, die Abteiruine.

Der hellbeige bis gelbliche Krugkörper besteht aus feinkörnigem Steinzeug. Der hohe Quarzgehalt der Masse bewirkt bei einer Erhitzung auf 1100 Grad C eine Sinterung, d.h., die Masse verdichtet sich und verglast. Der gebrannte Rohling ist absolut wasserdicht.

Das Auftragen des jeweiligen Motivs vollzog sich ähnlich dem Anbringen von Ab-

Fig. 9 Die Abteiruine Mettlach wurde ab 1882 als Boden-Signet in die Mettlach-Produktion eingeprägt

Fig. 10 Blick in einen Herstellungsraum der Fa. Villeroy & Boch in Mettlach, um 1900

ziehbildern: Das Motiv wurde in eine Steinplatte eingraviert, wobei für jede Farbe eine Platte angefertigt wurde. Dann färbte man jede Steinplatte mit einer Chromfarbe ein. Chromfarben bestehen aus Chromverbindungen und Schwerspat und haben dadurch den Vorteil, ziemlich robust und lichtfest zu sein.

Mit den eingefärbten Steinplatten bedruckte man das »Abziehbild«, eine Folie. Daraufhin bestäubte man das Stück, das mit der Folie umlegt war, mit einem hellrosa und hellbraunen Puder. Beim anschließenden zweiten Brand schmolz der anilinhaltige, undurchsichtige Puder auf und bildete die schützende Glasur.

Beachtenswert sind die auf der Bodenunterseite des Kruges eingeprägten Identifikationsnummern. Man findet verschlüsselt das Herstellungsjahr eingeprägt. So bedeutet die Zahl »99«, daß der Krug im Jahre 1899 hergestellt wurde. Eine weitere dreistellige Zahl stellte hausinterne Produktionsnummern dar, mit der die einzelnen zu beliefernden Regimenter bezeichnet waren. Für jedes Regiment entwarf Villeroy & Boch ein eigenes Motiv. Die Darstellungen unterschieden sich leicht erkennbar von anderen Herstellern. Auf gelblich-hellbraunem Untergrund, der manchmal auch den

Ton von altem Elfenbein annahm, waren meist Offiziere und Mannschaften naturalistisch abgebildet. Bei besonders traditionsreichen Einheiten standen in einem säulenartigen Aufbau die Schlachten verzeichnet, an denen der Verband in seiner Geschichte teilnahm. Bei der Wiedergabe von Uniformen und Ausrüstungsgegenständen legte man größten Wert auf Detailtreue. Wer die Motive entwarf, ist nicht bekannt, da beim großen Brand in den Mettlacher Fabrikationsstätten vom 11. auf den 12. August 1921 wichtige Dokumente für immer verlorengingen. Als Vorlagen zu den Darstellungen dürften die damals zahlreich auf dem Markt befindlichen uniformkundlichen Bücher gedient haben.

Ein weiteres Charakteristikum sind die Zinndeckel. Wer einen solchen haben wollte, mußte extra in die Tasche greifen. So zahlte man laut Preisliste von Oktober 1905 für einen Deckel mit Deckelplattenfassung (d. h. mit Keramikeinsatz) 0,90 RM, für einen glatten Zinndeckel 1,00 RM sowie für den verzierten Zinndeckel 1,10 RM. Der letztere dürfte wohl am häufigsten für Reservistenkrüge verwendet worden sein.

Im Gegensatz zu fast allen anderen Herstellern verwendete Villeroy & Boch nahezu immer flach wirkende, in Wirklichkeit leicht nach oben gewölbte Deckel.

Die Deckelteller sind hauptsächlich mit allegorischen Waffendarstellungen, auch mit dem »Eisernen Kreuz« oder dem aufliegenden preußischen Gardestern verziert. Die Motive kommen plastisch aus dem eigentlichen Teller heraus.

Es gab in Mettlach eine Zinngießerei, die 1879 von Rudolf Wagner gegründet und bis Ende der zwanziger Jahre von Reinhold Engel fortgeführt wurde. Vorher deckelte J. Lichtinger aus München die Krüge.

Das Motiv des Daumendrückers, in Süddeutschland auch »Krücke« genannt, ist bei den meisten bekannten Mettlach-Krügen der preußische Adler mit ausgebreiteten Flügeln. Der abgebildete württembergische Mettlach-Krug mit dem württembergischen Wappen als Daumendrücker ist selten anzutreffen (Abb. 1–3). Der häufigere preußische Adler weist darauf hin, daß die Krüge in erster Linie in Preußen Verbreitung gefunden haben, da aus dem süddeutschen Raum verhältnismäßig wenige Mettlach-Reservistenkrüge nachzuweisen sind.

Mit dem Beginn des Ersten Weltkrieges war die Zeit der Mettlach-Reservistenkrüge beendet. Die wenigen noch existierenden Stücke sind als echte Raritäten einzustufen, die sowohl von Mettlach-Generalsammlern als auch von Reservistenkrugspezialisten gesucht werden.

Heute ist nicht mehr bekannt, auf welchem Wege die Krüge den Käufer erreichten. Frau Dr. Thomas, die Leiterin des Keramik-Museums in Mettlach, vermutet, daß die Regimenter ohne Zwischenhandel direkt bei Villeroy & Boch bestellten, obwohl auch der Einzelhandelsvertriebsweg denkbar wäre.

Bekannte Produktionsnummern von Mettlach-Reservistenkrügen
(nach Major John L. Harrell »Regimental Steins«, Maryland 1979)

Infanterie-Regimenter	*Produktionsnummern*
1. Garde-Regiment zu Fuß, Potsdam	754
2. Garde-Regiment zu Fuß, Berlin	743
3. Garde-Regiment zu Fuß, Berlin	747
Garde-Grenadier-Regiment Nr. 1, Berlin	741
Garde-Grenadier-Regiment Nr. 3, Charlottenburg	749
Grenadier-Regiment Nr. 7, Legnitz	902
Grenadier-Regiment Nr. 10, Schweidnitz	903
Grenadier-Regiment Nr. 11, Breslau	904
Grenadier-Regiment Nr. 12, Frankfurt/Oder	774
Infanterie-Regiment Nr. 18, Osterode	
Infanterie-Regiment Nr. 20, Wittenberg	759
Infanterie-Regiment Nr. 21, Thorn	824
Infanterie-Regiment Nr. 22, Gleiwitz und Kattowitz	891
Infanterie-Regiment Nr. 24, Neuruppin	758
Infanterie-Regiment Nr. 28, Ehrenbreitenstein und Koblenz	920
Infanterie-Regiment Nr. 32, Meiningen	
Infanterie-Regiment Nr. 36, Halle und Bernburg	769
Infanterie-Regiment Nr. 38, Glatz	889
Infanterie-Regiment Nr. 40, Rastatt	
Infanterie-Regiment Nr. 43, Königsberg und Pillau	847
Infanterie-Regiment Nr. 46, Posen und Wreschen	839
Infanterie-Regiment Nr. 48, Küstrin	761
Infanterie-Regiment Nr. 49, Gnesen	895
Infanterie-Regiment Nr. 52, Cottbus und Crossen	760
Infanterie-Regiment Nr. 54, Kolberg und Köslin	813
Infanterie-Regiment Nr. 58, Glogau und Trangstadt	905
Infanterie-Regiment Nr. 62, Cosel und Ratibor	893
Infanterie-Regiment Nr. 64, Prenzlau und Angermünde	756
Infanterie-Regiment Nr. 68, Koblenz	922
Infanterie-Regiment Nr. 71, Erfurt und Sondershausen	771
Infanterie-Regiment Nr. 72, Torburg und Eilenburg	773
Infanterie-Regiment Nr. 73, Hannover	872
Infanterie-Regiment Nr. 77, Celle	875
Infanterie-Regiment Nr. 78, Osnabrück und Aurich	876
Infanterie-Regiment Nr. 79, Hildesheim	877
Infanterie-Regiment Nr. 82, Göttingen	
Infanterie-Regiment Nr. 91, Oldenburg	879
Infanterie-Regiment Nr. 92, Braunschweig	880
Infanterie-Regiment Nr. 93, Dessau und Zerbst	772

	Produktionsnummern
Infanterie-Regiment Nr. 128, Danzig	867
Infanterie-Regiment Nr. 140, Hohensalza	
Infanterie-Regiment Nr. 156, Beuthen und Tarnowitz	
Infanterie-Regiment Nr. 158, Paderborn und Sennelager	

Jäger-Bataillone

Garde-Jäger-Bataillon, Potsdam	
Garde-Schützen-Bataillon, Berlin-Lichterfelde	750
Jäger-Bataillon Nr. 1, Ortelsburg	809
Jäger-Bataillon Nr. 2, Kulm	810
Jäger-Bataillon Nr. 3, Lübben	808
Jäger-Bataillon Nr. 4, Naumburg	799
Jäger-Bataillon Nr. 5, Hirschberg	912
Jäger-Bataillon Nr. 7, Bückeburg	810
Jäger-Bataillon Nr. 9, Ratzeburg	808
Jäger-Bataillon Nr. 11, Marburg	809

Feld-Artillerie-Regimenter

1. Garde-Feld-Artillerie-Regiment, Berlin	
2. Garde-Feld-Artillerie-Regiment, Potsdam	787
2. berittene Batterie des 2. Garde-Feld-Artillerie-Regiments	790
Feld-Artillerie-Regiment Nr. 3, Brandenburg	765
Feld-Artillerie-Regiment Nr. 4, Magdeburg	792
Feld-Artillerie-Regiment Nr. 10, Hannover	881
Feld-Artillerie-Regiment Nr. 17, Bromberg	
Feld-Artillerie-Regiment Nr. 18, Frankfurt/Oder	795
Feld-Artillerie-Regiment Nr. 29, Posen	
Feld-Artillerie-Regiment Nr. 21, Neisse und Grottkau	997
Feld-Artillerie-Regiment Nr. 26, Verden	882

Kavallerie-Regimenter

Garde-du-Corps Potsdam	781
1. Garde-Dragoner-Regiment, Berlin	
2. Garde-Dragoner-Regiment, Berlin	782
Leibgarde-Husaren-Regiment, Potsdam	753
1. Garde-Ulanen-Regiment, Potsdam	783
2. Garde-Ulanen-Regiment, Berlin	
3. Garde-Ulanen-Regiment, Potsdam	742
Kürassier-Regiment Nr. 6, Brandenburg	776
Kürassier-Regiment Nr. 7, Halberstadt und Quedlinburg	776
Dragoner-Regiment Nr. 2; Schwedt a. d. Oder	777
Dragoner-Regiment Nr. 3, Bromberg	815
Dragoner-Regiment Nr. 19, Oldenburg	886

	Produktionsnummern
Husaren-Regiment Nr. 1, Danzig-Langfuhr	822
Husaren-Regiment Nr. 2, Danzig-Langfuhr	831
Husaren-Regiment Nr. 3, Rathenow	749
Husaren-Regiment Nr. 6, Ratibor und Leobschütz	911
Husaren-Regiment Nr. 10, Stendal	807
Husaren-Regiment Nr. 13, Diedenhofen	
Husaren-Regiment Nr. 17, Braunschweig	884
Ulanen-Regiment Nr. 3, Fürstenwalde	
Ulanen-Regiment Nr. 6, Hanau	828
Ulanen-Regiment Nr. 9, Demmin	817
Ulanen-Regiment Nr. 19, Hannover	883

Pionier-Bataillone

Pionier-Bataillon Nr. 4, Magdeburg	799
Pionier-Bataillon Nr. 10, München	894

Eisenbahnverbände

Eisenbahn-Regiment Nr. 1, Berlin-Schöneberg	786
Eisenbahn-Regiment Nr. 3, Hanau	

Train-Bataillone

Garde-Train-Bataillon, Berlin-Tempelhof	801
Train-Bataillon Nr. 3, Spandau	796
Train-Bataillon Nr. 5, Posen	836

Ausbildungseinheiten

Unteroffiziersschule Ettlingen	893

Sammelrichtungen

Der Trend beim Reservistenkrugsammeln bewegt sich auf eine Spezialisierung und Differenzierung zu. Noch in den siebziger Jahren sammelte man generell alle Krüge, die angeboten wurden, soweit sie dem eigenen Geschmack entsprachen.

Jetzt stößt man vermehrt auf Sammlungen, die sich auf Garnisonen bestimmter Länder, z. B. Bayern oder Preußen, beschränken. Von Bayern ist in München eine komplette Sammlung bekannt. Selbstverständlich wäre noch an eine Differenzierung nach Jahrgängen und Motiven zu denken.

Sehr beliebt ist es ebenfalls, Krüge einer bestimmten Waffengattung zusammenzutragen. Grenzt man seine Waffengattung, z. B. Kavallerie, nicht weiter ein, so bedarf es einer beachtlichen finanziellen Ausstattung, guter Tauschverbindungen und einer enormen Sammelenergie, um eine möglichst komplette Kollektion zusammenzubekommen.

Wieder andere Sammler suchen Reservistenkrüge sehr frühen Datums, solche von Spezialeinheiten, mit besonders interessanter Bemalung, von ungewöhnlicher Größe usw. Der individuellen Ausgestaltung einer Sammlung sind somit keine Grenzen gesetzt.

Alt oder neu – woran erkennt man Reproduktionen?

Jeder Sammler hat schon Bekanntschaft mit Reservistenkrug-Reproduktionen oder -Teilreproduktionen gemacht und dabei gutes Geld für schlechte (neue) Ware bezahlt.

Den Herstellern von neuen Reservistenkrügen ist kein Vorwurf zu machen, da sie die Stücke als neu verkaufen und einen angemessenen Preis verlangen. Unredlich wird der Handel erst, wenn in Täuschungsabsicht Reproduktionen als Originale zu dementsprechenden Preisen angeboten werden und der Käufer somit betrogen wird.

Wenn der Ausdruck »Reproduktion« fällt, denken viele sofort an einen Krug, der im Laufe der letzten Jahre hergestellt wurde, denn kaum jemandem ist bekannt, daß das Reproduzieren von Reservistenkrügen bereits kurz nach dem Zweiten Weltkrieg, also 1946/47, begann.

Ursache war nicht etwa ein latent vorhandener Militarismus der Deutschen, sondern die geradezu überwältigende Nachfrage amerikanischer Besatzungssoldaten nach »regimental steins«. Wie eine langjährige Krughändlerin versicherte, kauften die Amerikaner, was sie an alten Krügen bekommen konnten und das gleich regalweise.

Als Hersteller von Reproduktionen war damals neben anderen die Firma Liegl in der Münchner Straße in München-Thalkirchen tätig. Wurden die Krüge in der traditionellen Technik, also mit Hilfe bemalter Stahldrucke gefertigt, so ist heute nach fast 40 Jahren kaum mehr ein Unterschied zu den Originalen festzustellen. Möglicherweise befinden sich nahezu alle Reproduktionen aus jener Zeit in den USA, da Deutsche in diesen Jahren weder Interesse noch Geld für derartige »Schätze« hatten.

Verhältnismäßig eindeutig sind Nachbildungen aus der Zeit ab 1960 zu identifizieren. Aus Kostengründen wurden die Bildumrisse nicht mehr von Stahldrucken aufgetragen und dann von Hand ausgemalt, sondern im Siebdruckverfahren bedruckt. Hierbei konnte man sich jegliche Malerei ersparen. Doch tauchten nach wie vor vereinzelt übermalte Siebdruckkrüge auf.

Während beim Original deutliche Malspuren, Pinselspuren, Farbnuancen usw. zu sehen sind, wirkt die Siebdruckproduktion zu glatt, zu perfekt und zu künstlich in der Kolorierung.

Bei alten, oft gespülten Krügen haben durch die häufige Benutzung manchmal die Bildumrisse und die Bemalung gelitten. Bei Krügen, die im Siebdruckverfahren bedruckt wurden, ist das selten zu beobachten, da der aufgetragene Druck fester mit der Oberfläche verbunden ist.

Neben solch verhältnismäßig groben Unterschieden im Bildbereich sollte man als Sammler vor einem Kauf unbedingt den Bodenrand des Kruges untersuchen. Dort findet man beim alten Krug Farbveränderungen des Porzellans, auch mehr oder weniger deutliche Abriebspuren, Kratzer, evtl. sogar kleine Absplitterungen. Solche Abnutzungsspuren sind bei einem neuen Krug schwer nachzumachen.

Komplizierter ist es dagegen, beim Zinndeckel Original und Kopie zu unterscheiden, da nicht selten alte Stücke wie neu aussehen. Bei primitiven Reproduktionen ist etwa festzustellen, daß der Deckel im Gegensatz zu alten Originalen ungewöhnlich leicht ist. Originale Zinndeckel sind auch meist sehr sauber gegossen, d.h., die reliefartigen Konturen heben sich scharf voneinander ab. Manchmal trifft man auf neue Stücke, bei denen der Deckel mit einem Reiter verziert ist, der Krug jedoch einem Infanteristen gehört haben soll.

Ist man sich nicht schlüssig, ob es sich um ein Original oder um eine Reproduktion handelt, so kann man sich oft dadurch Gewißheit verschaffen, daß man das fragliche Stück mit einem alten Krug zusammenstellt und die vorgenannten Merkmale gründlich vergleicht. Auch Rat und Hilfe eines erfahrenen Sammlers können hier helfen.

Bewertungsmaßstäbe

War es in den sechziger Jahren noch möglich, einen Krug oft unter 100,– DM zu erwerben, so werden heute selbst für einen gewöhnlichen, natürlich einwandfreien Infanteriekrug Preise zwischen 600,– und 900,– DM verlangt und auch bezahlt. Selbst für den Antiquitätensektor, der kräftige Ausschläge gewöhnt ist, ist ein solcher Preisanstieg überdurchschnittlich.

Einige Gründe dafür sind wohl:

1. Der Reservistenkrug stellt in seiner Art einen Gegenstand dar, der zwar in großen Mengen, aber über einen relativ kurzen Zeitraum produziert wurde.

2. Die geschilderte Einzigartigkeit des bunten Kruges spricht einen breiten Kreis, also nicht nur Keramik- oder Porzellansammler, sondern auch weitgehend Militaria-Interessenten, Zinn- und Bleisoldatensammler usw. an.

3. Reservistenkrüge sind meist aus Porzellan, seltener aus Steingut oder Glas, aber alle aus Materialien, die leicht zu Bruch gehen, so daß viele Stücke im Laufe der Jahrzehnte verlorengingen.

Der dadurch bedingten Verknappung, die sich naturgemäß noch weiter fortsetzen wird, steht eine zahlenmäßig wachsende Sammlerschaft gegenüber.

Kauf bzw. Verkauf eines Kruges sind und bleiben immer eine individuelle Entscheidung, wobei es darauf ankommt, für ein Stück den Sammler zu finden, der gerade diesen Krug abgibt bzw. haben möchte. Ein wichtiges Kriterium stellt der Zustand des Kruges dar. Defekte, später montierte oder neue Deckel, Klebestellen an Henkel und Gefäßkörper, stärkere Absplitterungen und ergänzte Bemalungen bestimmen, je nach Vorhandensein, den Preis. Doch ist der Preisnachlaß um so geringer, je seltener und gesuchter ein Krug ist.

Auf der anderen Seite wirken sich frühe Datierung, besonders schöne Bemalung, abweichende Kruggröße oder ein ausgefallener Deckel positiv auf den Wert aus. Im allgemeinen werden Infanteriekrüge nach 1900 am geringsten bewertet. Mit ihnen wird der Markt noch am ehesten versorgt. Ausnahmen bilden, wie auch bei allen anderen Waffengattungen, die Krüge aus den ehemaligen deutschen Ostgebieten.

Häufig anzutreffen sind ebenfalls Feld-Artilleriekrüge, seltener Krüge der Fuß-Artillerie.

Den größten Anteil an den Kavalleriekrügen haben die Dragoner und Ulanen, während Jäger zu Pferde und Schwere Reiter zu den Seltenheiten gehören, wie auch Krüge der Jäger, des Trains, der Fuß-Artillerie und der Pioniere. Rar sind gleichfalls Marine-, Garde- und Leibregimentskrüge.

Wer einen Krug der Eisenbahner, Bekleidungsämter, Telegraphenabteilungen, Luftschiffer, Sanitätsabteilungen oder gar der U-Bootfahrer, Flieger und MG-Schützen besitzt, hat ein Stück von höchstem Rang.

Diese Aufzählung ist naturgemäß unvollständig, auch berücksichtigt sie keine regionalen Gesichtspunkte.

Immer seltener tauchen jetzt Reservistenkrüge im Ladenhandel auf, da Nichtsammler kaum noch Krüge besitzen und der echte Sammler bessere Verkaufsmöglichkeiten kennt. Eine Ausnahme bilden Militariahändler. Ab und zu tauchen noch Stücke auf in den Buden der Trödel- oder Antikmärkte, obwohl auch da das Angebot spürbar nachläßt. In letzter Zeit finden Reservistenkrüge verstärkt Eingang ins Auktionsgeschäft, wo noch selten ein Exponat zurückgegangen ist, sondern seinen Weg zu einem guten Preis zum neuen Eigentümer gefunden hat.

Die Reservistenpfeifen

Neben dem Reservistenkrug dürfte die Reservistenpfeife zu den häufigsten Andenken an die Soldatenzeit gehört haben. Dabei ist zu bemerken, daß sich das Pfeifenrauchen um die Jahrhundertwende neben dem Zigarrengenuß überhaupt großer Beliebtheit erfreute.

Die Zigarette spielte damals nur eine untergeordnete Rolle.

Diese Wertschätzung der Pfeife im 19. Jahrhundert läßt sich an der Produktion der thüringischen Kleinstadt Ruhla ersehen, wo in der Zeit von 1850 bis 1870 ca. 19 Millionen Pfeifen hergestellt wurden, von denen natürlich ein großer Teil als Exportgüter in alle Welt ging.

Je nach Geldbeutel, Verwendungszweck und Rauchgewohnheit stellte man die Stücke aus den verschiedensten Materialien her:

Pfeifen aus echtem Meerschaum	570 000 Stück,
Pfeifen aus imitiertem Meerschaum	500 000 Stück,
Pfeifen aus Porzellan	9 600 000 Stück,
Holzpfeifen	5 000 000 Stück,
Tonpfeifen	3 000 000 Stück,

(nach A. P. Bastein »Von der Schönheit der Pfeife«, München 1976, ohne Seitenzahl)

In ihrer am häufigsten auftretenden Form ist die Reservistenpfeife eine Erscheinung des späten 19. Jahrhunderts. Sie taucht etwa zuerst zwischen 1880 und 1890 in größeren Mengen auf. Erst der Zusammenbruch des Wilhelminischen Reiches und die weitgehende Entmilitarisierung des öffentlichen Lebens brachte dann auch das Ende dieses Pfeifentyps. Thematisch gehört sie der großen Familie der Militär- und Historienpfeifen an, deren Tradition bis ins 18. Jahrhundert zurückzuverfolgen ist.

Jene Vorgänger der späteren Reservistenpfeifen sind sehr oft kleine Kunstwerke. Ihre miniaturähnliche, farbenprächtige Bemalung ist Zeugnis einer Pfeifenkultur, wie sie heute kaum mehr vorstellbar ist. Gemalt von geübten Porzellanmalern, deren Namen nur schwer zugänglich sind, zeigen sie Schlachtenszenen, Paraden, Soldatenporträts, Ausflüge in Gemeinschaft usw. Solche Pfeifen haben natürlich einen wesentlich höheren Orginalitätswert als die späteren Reservistenpfeifen. Besonders die liebevoll und präzise wiedergegebenen Details und die naturähnlichen Porträts sind für sie charakteristisch.

Der Künstler muß ja auch eine sehr ruhige Hand gehabt haben, wenn er die Farben mit einem Pinsel auftrug, in dessen Fassung meistens nur zwei oder drei feinste Haare steckten. In der anderen Hand hielt er eine Lupe, ohne die seine Arbeit kaum eine solche Feinheit aufweisen würde. Bei dieser Arbeit steckte der Pfeifenrohling in einer Halterung, die der Maler nach Belieben drehen konnte.

Wie beim Reservistenkrug ist das Phänomen »Reservistenpfeife« vor dem schon beschriebenen zeitgeschichtlichen Hintergrund zu sehen. Auch die Pfeifenhersteller schwammen auf der Militarisierungswelle mit; sie versprachen sich ein einträgliches Geschäft und wurden nicht enttäuscht.

Wo die Reservistenpfeife aus der Taufe gehoben wurde, ist nicht mehr genau feststellbar. Man vermutet aber, und das wohl nicht zu Unrecht, daß ihr Ursprung in Deutschland lag. Von hier breitete sie sich in ziemlich kurzer Zeit auch auf Österreich-Ungarn aus, dessen Pfeifen besonders interessante Eigenheiten aufweisen. Auch aus Frankreich und Italien sind Stücke bekannt, doch dürfte die Verbreitung in diesen Ländern erheblich geringer gewesen sein.

Der äußere Aufbau der Reservistenpfeife entsprach dem damals geltenden Zeitgeschmack, der Vorstellung von einer Repräsentationspfeife. Ihre charakteristische Länge beträgt meistens 100 bis 120 cm, d. h., sie ist in die Gruppe der sogenannten Bodenpfeifen einzuordnen. Dieser Pfeifenformstil setzte sich zuerst in der Epoche der Romantik durch, also in den ersten Jahrzehnten des 19. Jahrhunderts. Selbstverständlich kam es zu zahlreichen Abweichungen von diesem Mittelmaß, da sich die Anschaffung immer nach dem Geldbeutel des angehenden Reservisten richtete. Vereinzelt sind Stücke mit kurzem Rohr zu finden, wobei dann die Pfeife eine Länge von lediglich ca. 30 cm erreicht. Die längste bekannte Reservistenpfeife mißt ca. 225 cm. Sie gehörte dem Kanonier Schaumann, der von 1904 bis 1906 in Itzehoe beim Feld-Artillerie-Regiment Nr. 9 »Generalfeldmarschall Graf Waldersee« in der 5. Batterie diente. Allein der Pfeifenkopf dieses einmaligen Stückes ist über 30 cm hoch. Ob und wie die Pfeife geraucht wurde, ist nicht bekannt.

Mundstück und Schlauch sind die Teile der Pfeife, die dem Raucher am nächsten sind.

Das Mundstück besteht aus Kuhhorn, nach dem häufigsten Herkunftsland auch oft Brasilhorn genannt. Der Mundstückrohling wurde durch Drechseln in seine Form gebracht. Je nach Ausführung weist das Mundstück eine Länge von 5 bis 10 cm auf. Es mündet in den biegsamen Pfeifenschlauch, der meist aus textilumwickeltem Gummi oder Leder besteht. Um dem naturgemäß sehr weichen Gummi- oder Lederschlauch mehr Festigkeit zu geben, durchsetzte man die Textilumwicklung mit einem Hartfaden oder verwendete feine Metallfäden. Oft sind die heute anzutreffenden Pfeifenschläuche nicht mehr original, da sowohl die Gummimasse wie auch die Umwicklung spröde wurden und ergänzt werden mußten.

Dem Mundstück schließt sich das Pfeifenrohr an, das fast immer aus einem Haselnuß- oder Vogelkirschstock gefertigt wurde. Es weist zahlreiche, oft symbolische Verzierungen auf. So befindet sich ziemlich weit oben der Regimentswürfel. Er hat meist 2–3 cm Seitenlänge und besteht aus schwarz eingefärbtem Holz. In aufgesetzten Buchstaben und Zahlen gibt er Auskunft über die Einheit des Reservisten. Neben

Fig. 11 *Infanteristen-Reservisten-Pfeifenkopf mit typischen Darstellungen. Als Deckel dient die naturgetreue Nachbildung einer Pickelhaube. Nach 1900, Porzellan, H ca. 13 cm.*

dem Regimentswürfel sind weitere Verzierungen aus verschiedenen Materialien bekannt. Je nach Verbandszugehörigkeit schmückten Pferde, Helm oder Kriegsgerät aus Metall bzw. Holz das Rohr. Das Pfeifenrohr steckt im sogenannten Pfeifen- oder Wassersack (Saftsack), der als Auffang der Pfeifenflüssigkeit diente. Er besteht bei längeren Pfeifen meistens aus gedrechseltem Holz, bei kurzen Stücken oft aus Porzellan. Während bei deutschen Pfeifen der Porzellan-Wassersack selten bemalt ist, findet man bei österreichischen Stücken sehr häufig eine reiche Bemalung. In den Pfeifensack mündet aber nicht nur das Pfeifenrohr, sondern in einer zweiten Öffnungswulst steckt leicht nach vorn geneigt der Hals des Pfeifenkopfes.

Nahezu alle Sammler bestätigen, daß die eigentliche Faszination der Pfeife von ihrem Kopf ausgeht. Deshalb beschränken sich viele Liebhaber darauf, ausschließlich Pfeifenköpfe zu sammeln. Eine Rolle spielt natürlich auch, daß komplette Pfeifen wesentlich rarer und kostbarer sind als Pfeifenköpfe. Der Pfeifenkopf mißt in der Regel mit Deckel etwa 9–13 cm, wobei es zu erheblichen Abweichungen kommen kann, wie am Beispiel der Itzehoer Pfeife festgestellt wurde. Der Kopfkörper ist schlank, kann aber auch leicht bauchig sein. Häufig findet man als Einrahmung des Hauptmotivs einen ovalen, nach oben offenen Eichenlaubkranz, der reliefartig aus der sonst glatten Oberfläche des Porzellans hervortritt. Am unteren Ende ist der Eichenlaubkranz mit einer Schleife in den Farben des Deutschen Reiches – Schwarz, Weiß und Rot – zusammengehalten.

Hervorstechendes Merkmal nahezu aller Reservistenpfeifenköpfe ist der Pfeifenkopfzapfen. An ihm ist die Pfeifenschnur befestigt, die alle Einzelteile zusammenhält. Das knopfartige Ende des Zapfens findet man meistens mit Goldfarbe bemalt.

Bei der Ausschmückung des Kopfes trug man nun nicht etwa verkleinerte Reservistenkrugmotive auf, sondern entwarf eigene Dekors. Ähnlich wie bei den Krügen fällt bei den Pfeifen ein heute kaum mehr vorstellbarer Reichtum an Motiven und Darstellungen auf, was mit großer Wahrscheinlichkeit darauf schließen läßt, daß die Zahl der Pfeifenhersteller in die Hunderte gegangen sein muß.

Der jeweilige Dekor wurde entweder ganz gemalt oder als Stahldruck, später ausgemalt, aufgetragen. Auf der Vorderseite der Pfeife befindet sich das Hauptmotiv, oft unterteilt in zwei oder drei Teilmotive.

Bei aller Vielfalt der Darstellungen steht im Mittelpunkt meist der Rekrut und angehende Reservist. Ob zu Pferde, zu Fuß, bei Trunk und Festlichkeit, beim Wacheschieben, im Manöver oder beim Abschied, ihm gilt das Hauptaugenmerk. Selbstverständlich lassen sich auch Kopfdarstellungen nachweisen, so als Hauptmotiv oft ein Bild des Landesherrn oder des Kaisers. Beliebt, wenn auch erheblich seltener, sind symbolische Embleme, wie die Reichsfarben auf einem Wappenschild, verbunden mit der jeweiligen Regimentsnummer, auf farbigem Grund die darüber schwebende Landesfürsten- oder die Kaiserkrone. Anscheinend für unverzichtbar hielten Kunden und Hersteller das mehr oder weniger üppige Eichenlaubgewinde.

Wie schon erwähnt, wirken vor allem aufgetragene Stahldruckmotive ausgewogen und harmonisch proportionierter.

Deutlich sind die meist schwarzen Druckumrißlinien zu erkennen. Diese vorgegebenen Konturen brauchten nur noch farbig ausgemalt zu werden, wobei differenzierende Schattierungen durch den Druck vorgegeben wurden.

Beim Ausmalen vewendete man ausschließlich Emailfarben, die kalt aufgetragen wurden. Kräftige Farben bestimmen weitgehend das Bild, zarte Töne den Hintergrund oder Nebensächliches. Ob ein Pfeifenkopf mit der Hand bemalt oder ob ein Stahldruckabzug verwendet wurde, ist ziemlich leicht zu unterscheiden.

Häufig fällt bei bemalten Stücken auf, daß die Proportionen nicht harmonisieren. Massige Pferdekörper werden von dünnen Beinen getragen, oder ein hünenhafter Oberkörper steht auf kurzen Beinen. An solchen Beispielen mag deutlich werden, daß hier die Glanzzeit der Pfeifenmaler ihren Höhepunkt bereits überschritten hatte. Zu sprunghaft entwickelte sich die Nachfrage einer vielleicht urteilsunsicheren und nicht sehr begüterten Kundschaft. Die Porzellanmalerei machte sich wahrscheinlich zu wenig bezahlt, folglich mußte der Maler hohe Stückzahlen erreichen, was eine sorgfältige Komposition oft nicht mehr zuließ.

Auch hier ist über die Maler wenig Biographisches erhalten geblieben. Im Berliner Museum für Deutsche Volkskunde befinden sich zwei Reservistenpfeifen, die mit E. Tannert, Dresden-Neustadt, und H. Webeking, Hannover, signiert sind. Vielleicht bringt die Forschung oder einfach der Zufall noch den einen oder anderen Namen ans Licht. Man weiß, daß die Bemalung entweder im Betrieb des Herstellers erfolgte oder daß die Maler daheim zum Pinsel griffen.

Bei der wenigen nutzbaren Fläche auf dem Pfeifenkopf bemalte und beschriftete man ihn rundum. Dehnt sich das Hauptmotiv auf die vordere Hälfte aus, so ist bei den deutschen Pfeifenköpfen die rückwärtige Hälfte den Namenleisten vorbehalten. Man findet auf manchen Köpfen bis zu 50 Namen verzeichnet. Die Namen der Kameraden seiner Einheit sind fein säuberlich in lateinischer Schrift handgeschrieben verzeichnet. Bei aufwendigen Köpfen verziert eine zusätzliche Bemalung die Rückfront. Meistens befindet sie sich in der Mitte über zwei Namenleisten. Auch hier herrscht eine weitgespannte Motivvielfalt. Neben der Bemalung ist die reiche Beschriftung ein wesentliches Charakteristikum des Reservistenpfeifenkopfes, denn auf kaum einem anderen Pfeifenkopftyp wurde so viel festgehalten.

Nebeneinander kommen wiederum Druck und handschriftliche Arbeit vor. Besonders die gedruckten Schriftzeichen wirken heute antiquiert, da meistens die jetzt ungebräuchliche gotische Druckschrift verwendet wurde, die man noch mit zusätzlichem Schnörkelwerk verzierte. Auch bei bedruckten Köpfen sind auf fast allen Stükken neben den Namenleisten, Einheitsbezeichnungen, alle Daten, die Garnison und der Name des Besitzers handschriftlich aufgetragen.

Bei nahezu allen Köpfen trug man die Beschriftung mit der Feder auf. Dabei benutzte man in freier Abwandlung die lateinische Ausgangsschrift oder seltener die deutsche Schrift. In welchem Umfang bei Hervorhebungen Schablonen verwendet wurden, konnte nicht ganz geklärt werden. Da der Platz knapp bemessen war, sahen sich die Maler bei den Namenleisten oft gezwungen, so klein zu schreiben, daß zur einwandfreien Entzifferung ein Vergrößerungsglas notwendig ist.

Neben der Bemalung findet man auch beim Pfeifenkopfdeckel vom soliden Universaldeckel bis hin zur naturgetreuen Miniatur eines Helms zahlreiche Variationen.

Mit dem Universaldeckel wurden die meisten Pfeifentypen bestückt, so z. B. Jäger- und Andenkenpfeifen. Ihr Dekor besteht meist aus umlaufenden, herausgestanzten Blatt- oder Bogenornamenten. Der Deckel ist durch ein Scharnier mit der am Kopfrand umlaufenden Fassung verbunden. Er ist entweder leicht nach oben gewölbt oder schließt glatt ab. Geöffnet und geschlossen wird der Deckel durch den vorderen Kugelverschluß. Da das Scharnier und der Verschluß fein gearbeitet sind und das Material im Laufe der Zeit spröde wurde, brechen sie leider leicht aus.

Als Material verwendete man verchromtes Eisenblech oder Messinglegierungen und Neusilber. Selten trifft man auf echt versilberte Stücke.

Das Herz des Sammlers schlägt natürlich höher, wenn eine Helmminiatur als Bekrönung des Pfeifenkopfes dient. So sind auf Infanteriepfeifen häufig eine Pickelhaube, also ein geschwärzter Korpus, metallene Schuppenkette, Pickel und Emblem zu finden.

Übrigens haben auch die österreichischen Pfeifenhersteller eine lange Tradition.

Nur einmal blüht im Jahr der Mai,
nur einmal im Leben die Liebe,
beim Militär geht's wohl vorbei,
des Lebens schönste Triebe.

Wohin könnten diese Zeilen wohl besser passen als in das Wien des Kaisers Franz Josef? Sie sind erhalten geblieben auf einer Reservistenpfeife der k. u. k. Armee. Aber neben solchen Sinnsprüchen bieten die k. u. k. Pfeifen eine Vielzahl weiterer beachtenswerter Eigenheiten.

Wenn es gilt, die Kunst des Wiener Pfeifenschneiderhandwerks zu beschreiben, pflegen Lexika das seltene Prädikat »Ruhm« zu verleihen. Es ist bekannt, daß schon die Pfeifenkünstler Wiens des 18. Jahrhunderts ihren Ruf vor allem durch die Verzierung der Meerschaumpfeifen begründeten, und das Gefühl für Farbe und Form blieb den Pfeifenmalern Wiens, ja des ganzen k. u. k. Reichs, auch noch später erhalten.

Im Gegensatz zur deutschen Pfeife bevorzugten die Österreicher meist wesentlich kürzere, etwa 30 cm lange Pfeifen. Der Pfeifenkopf wirkte thematisch bei weitem nicht so überladen wie bei deutschen Stücken, da der geringe Platz im allgemeinen nur dazu genutzt wurde, rundum eine einzige Szene zu malen. Es blieben also kaum weiße Stellen übrig. Gemalt wurde auch weniger steif; durch den lebendigen und gut ausgebauten Hintergrund gelang es, die Frontstaffage in ihre Umgebung hineinzukomponieren. Hierbei fällt auf, daß großer Wert auf ausgewogene Proportionen gelegt wurde. Teilweise erwecken die Motive den Eindruck, als ob nicht ausschließlich das Augenmerk auf militärische Vorgänge gerichtet war, sondern vielmehr der Soldat als Teilnehmer eines Gesamtgeschehens gesehen wurde. Die Entwurfshersteller und Maler scheinen eine gewisse Freiheit bei der Planung und Ausführung ihrer Arbeit gehabt zu haben.

Reservistenpfeifen österreichischer Schule setzten daher eigene Akzente bei der Motivauswahl. Wollte man der Pfeifenbemalung glauben, so ging es im Soldatenleben überwiegend heiter zu. Vor allem schienen Herzensangelegenheiten nicht zu kurz gekommen zu sein: Der Soldat sitzt mit seinem Mädel auf einer Bank, geht mit ihr spazieren oder beobachtet eine andere beim Baden. Selbstverständlich wird auch dem Dienst breiter Raum eingeräumt. Die Pfeifen erzählen von Manövertagen, von Quartiernahme, vom Attackieren des Gegners oder von der Versorgung der Pferde.

Bei den meisten Pfeifen gab man die Konturen sparsam durch Aufdrucke vor, so daß der Maler schon einen festen Rahmen vorfand.

Gänzlich ohne Bemalung kamen Pfeifen aus, die mit einer Fotografie geschmückt wurden. Es handelt sich dabei größtenteils um einfarbige Porträts oder Aufnahmen, die den Soldaten vor repräsentativem Hintergrund in seiner Garnisionsstadt zeigen. Ihre Entstehungszeit läßt sich etwa um die Jahrhundertwende nachweisen. Leider sind ebenso wie bei den bemalten Pfeifen die Hersteller wie auch ihre Preise weitgehend unbekannt.

Neben der malerischen Ausstattung spielte bei den österreichischen Pfeifen die Beschriftung eine wesentliche Rolle. Sie erlaubt eine sichere Regionalisierung. Es ist davon auszugehen, daß der örtliche Handel in den Garnisonsstädten die Pfeifen unbeschriftet und unbemalt bezog und diese auf die Gegebenheiten am Platz ausgestaltete. Denkbar ist auch der Bezug gemalter Pfeifen, wobei am Verkaufsort lediglich die persönlichen Daten einzutragen gewesen wären.

Je nachdem, wie es der Abrundung des Pfeifenbildes förderlich war, beschriftete man den Kopf.

Daneben existieren auch Stücke, die keinerlei Beschriftung aufweisen, sondern lediglich durch das Motiv der Bemalung ihre Einordnung ermöglichen.

Häufig findet man über dem Motiv halbkreisförmig die genaue Einheitsbezeichnung in schwarzen gotischen Druckbuchstaben. Effektvoll wirkt diese Beschriftung dadurch, daß jeder Buchstabe mit Goldfarbe hinterlegt ist.

Manchmal steht der Name des Reservisten über der Szene, wobei der Vorname im Gegensatz zu deutschen Stücken mit aufgeführt ist. Zeichnet den Pfeifenbesitzer ein besonderer Rang aus, wird dieser ebenfalls vermerkt. Ferner sind Pfeifen bekannt, die den Namen auf der Rückseite in lateinischer Schrift verzeichnet haben. Dabei fällt auf, daß die Beschriftung in der jeweiligen Heimatsprache des Reservisten erfolgte, wogegen die gedruckte Bildunterschrift (z. B. »Ein stilles Stündchen«) meist in deutscher Sprache abgefaßt ist. Soweit vorhanden, schrieb man auf den Pfeifenkopfzapfen die Jahreszahl der Entlassung. Es ist also nicht wie bei deutschen Pfeifen die Zeitspanne des Dienens vermerkt. Ausnahmen bestätigen aber auch hier die Regel.

Um die Garnisonsstadt des Reservisten zu erfahren, sollte man in einem wehrgeschichtlichen Nachschlagewerk blättern, da auf eine Ortsbezeichnung weitgehend verzichtet wurde. Eine Beschriftung wie »k. u. k.-Korpsartillerie Nr. 14 in Steyr« bildet eine Ausnahme. Möglicherweise sollte damit eine weitere sprachliche Aufsplitterung vermieden werden.

Den Pfeifensack zierte häufig in farbenprächtigen Ausführungen der österreichische Doppeladler, umrahmt von der Inschrift »Erinnerung an meine Dienstzeit«. Über dem Hoheitszeichen befindet sich oft eine Waffenallegorie, z. B. gekreuzte Kanonenrohre im Lorbeerkranz, oder es sind militärische Ausrüstungsgegenstände dargestellt.

Der Pfeifensack bildete entweder mit dem Pfeifenkopf eine Einheit oder war ein eigenes Pfeifenelement. Bei einigen Stücken weist der Porzellanwulst, in dem der Pfeifenkopf steckt, eine Metallfassung auf. Das untere Ende des Wassersackes bildet ein etwa 5 mm langer Zapfen.

Der Beginn des Ersten Weltkriegs sowie der Zusammenbruch der Monarchie und die Auflösung des Reiches 1918 brachten auch das Ende der österreichischen Reservistenpfeife. Als Sammlerstück hat sie in einer neuen Epoche Eingang gefunden.

Hersteller von Reservistenkrügen und -pfeifen

Selten finden sich auf Krügen und Pfeifen Signaturen, die uns Aufschluß über den Hersteller oder Maler geben. Finden sich welche, so sind sie meistens kleinformatig auf der Rückseite des Stückes aufgetragen. Hersteller waren zum Beispiel:

J. Maier, München, Dachauer Str. 105

J. Schindele, Zinngießerei und Abziehbilderfabrik, München, Görresstr. 36

J. W. Wacker, Düsseldorf, Ross-Straße
H. Worringer, Köln, Alter Markt 47
Fr. Breitmeyer, Trier, Brückenstraße
Pfeifen- und Porzellanmalerei H. Rang, Köln

Einteilung und Stärke der Streitkräfte des Deutschen Reiches

Die Stellung der Armee nach der Verfassung
»Nach der Reichsverfassung bildete die gesamte Landmacht ein einheitliches Heer im Krieg und (mit Ausnahme Bayerns) im Frieden unter dem Befehl des Kaisers, der über den Präsenzzustand, Gliederung und Einteilung der Kontingente, die Garnisonen sowie über die Mobilmachung Bestimmungen erläßt. Der Kaiser ernennt die Generale eines Kontingents sowie die Festungskommandanten, während die Könige von Bayern, Württemberg und Sachsen die Offiziere ihrer Kontingente selbst ernannten. Besondere Konventionen räumen z. T. den Bundesfürsten mehr Rechte, ihren Kontingenten besondere Stellungen im Armeeverband ein oder übertragen die Verwaltung ganz an Preußen und reservieren dem Souverän nur gewisse Ehrenrechte. So sind die Kontingente von Baden und Hessen ganz in den Verband der preußischen Armee übergegangen, wo sie im 14., bez. mit der 25. Division im 18. Armeekorps geschlossene Heeresteile bilden. Bayern, Sachsen und Württemberg haben selbständige Heeresverwaltung. Das Reichsmilitärgesetz findet auf Bayern soweit Anwendung, als es den ihm zugesicherten Reservatrechten nicht zuwiderläuft. Sein Heer bildet einen geschlossenen Bestandteil des Bundesheers unter der Militärhoheit des Königs, tritt aber mit der Mobilmachung, die auf Anregung des Kaisers durch den König erfolgt, unter den Befehl des Kaisers als Bundesfeldherrn. Dagegen ist Bayern verpflichtet, die für das Reichsheer geltenden Bestimmungen über Organisation, Formation, Ausbildung, Bewaffnung, Ausrüstung und Gradabzeichen gleichfalls zur Geltung zu bringen. In Elsaß-Lothringen werden die Militärangelegenheiten nach Anordnung des preußischen Kriegsministeriums von den Landesbehörden verwaltet.

Organisation
Dem Kaiser sind als Chef der Armee und der Marine ein militärisches Gefolge, ein Militär- und ein Marinekabinett zugeordnet; auch die Könige von Bayern, Sachsen und Württemberg haben ein militärisches Gefolge als Chefs ihrer Truppen. Für die Verwaltung des Heeres im Frieden sowie für die Bereitstellung der Kriegsmittel ist das Kriegsministerium die höchste Behörde; außer in Berlin gibt es Kriegsministerien auch in München, Dresden, Stuttgart. Für die Vorbereitung der kriegerischen Tätig-

keit bei Mobilmachung, den Aufmarsch, die Bearbeitung verschiedener Kriegsschauplätze etc. bildet der Generalstab die höchste Behörde; ein solcher besteht außer in Berlin in München und Dresden. Das deutsche Heer ist in fünf Armeeinspektionen mit dem Sitz in Berlin, Dresden, Hannover, München, Karlruhe eingeteilt. Jede derselben umfaßt mehrere Armeekorps. Das Oberkommando in den Marken, das Reichsmilitärgericht und die Generalinspektion der Kavallerie sind in Berlin. Letztere sind vier Kavallerieinspektionen zu Königsberg i. Pr., Stettin, Münster i. W. und Potsdam, das Militärreitinstitut zu Hannover und die Inspektion des Militärveterinärwesens zu Berlin unterstellt, außerdem befindet sich eine Kavallerieinspektion zu München. Der Inspektion der Feldartillerie zu Berlin liegt die Besichtigung der Truppen der Feldartillerie sowie die Leitung der Feldartillerieschießschule zu Jüterbog ob. An der Spitze der Fußartillerie steht eine Generalinspektion, Berlin, der zwei Inspektionen, Berlin und Köln, mit je zwei Brigaden, Berlin und Thorn, Metz und Straßburg i. E., unterstellt sind. Außerdem ressortieren von ihr: das Präsidium der Artillerieprüfungskommission und die Zeughausverwaltung, beide Berlin. Von der ersten Fußartillerieinspektion ressortieren: die Fußartillerieschießschule zu Jüterbog und die Oberfeuerwerkerschule zu Berlin. Von jeder der beiden Inspektionen ressortieren außerdem je zwei Artilleriedepotdirektionen, die im übrigen der Feldzeugmeisterei unterstellt sind. Bayern hat eine Fußartilleriebrigade zu München, der außer den beiden Fußartillerieregimentern die Oberfeuerwerkerschule zugeteilt ist. Die Generalinspektion des Ingenieur- und Pionierkorps und der Festungen umfaßt 4 Ingenieur- und 3 Pionierinspektionen in Berlin, Mainz, Magdeburg, dazu das Ingenieurkomitee, Berlin, die Festungsbauschule und die Vereinigte Artillerie- und Ingenieurschule, beide in Charlottenburg. Die Feldzeugmeisterei hat eine Zentralabteilung und ein Militärversuchsamt (Berlin); ihr sind die Inspektionen der technischen Institute der Infanterie und der Artillerie unterstellt, alle drei Behörden in Berlin. Für Infanterie bestehen in Preußen: die Gewehrfabriken in Spandau, Danzig, Erfurt und die Munitionsfabrik in Spandau; für Artillerie: Artilleriekonstruktionsbureau (Spandau), Artilleriewerkstätten in Spandau, Deutz, Straßburg i. E., Geschützgießerei in Spandau, Geschoßfabrik in Siegburg. Feuerwerkslaboratorium in Spandau und Siegburg, Pulverfabriken in Spandau und bei Hanau, über den vier Artilleriedepotdirektionen (Posen, Stettin, Köln, Straßburg i. E.) steht die Artilleriedepotinspektion, wie die Traindepotinspektion über den vier Traindepotdirektionen (Danzig, Berlin, Kassel, Straßburg i. E.), beide in Berlin. In Bayern ist die oberste Behörde für die technischen Institute die Inspektion der Fußartillerie, außerdem sind vorhanden: 5 Artilleriedepots (Augsburg, Germersheim, Ingolstadt, München, Würzburg), 2 Traindepots (München, Würzburg), Sachsen hat die Zeugmeisterei, Artilleriewerkstatt, Munitionsfabrik, alle drei

zu Dresden, Pulverfabrik zu Gnaschwitz, Artilleriedepot Dresden, zwei Traindepots in Dresden und Leipzig. Württemberg hat ein Artillerie- und ein Traindepot, beide in Ludwigsburg. Die Inspektion der Verkehrstruppen, Berlin, umfaßt die Eisenbahnbrigade nebst Betriebsabteilung, das Luftschifferbataillon und die Versuchsabteilung der Verkehrstruppen. Der Inspektion der Telegraphentruppen, Berlin, sind die drei Telegraphenbataillone unterstellt. Von der Generalinspektion des Militärerziehungs- und Bildungswesens, Berlin, ressortieren die Inspektion der Kriegsschulen daselbst mit den preußischen Kriegsschulen, das Kadettenkorps und die Kadettenhäuser (s. d.), auch das in Sachsen (Dresden), die Obermilitärstudien- und Obermilitärexaminationskommission, beide in Berlin, endlich das Große Militärwaisenhaus in Potsdam. Bayern hat eine Inspektion der Militärbildungsanstalten in München, der die Kriegsakademie, Artillerie- und Ingenieurschule, Kriegsschule, Kadettenkorps, sämtlich in München, unterstellt sind; außerdem: Oberstudien- und Examinations-Kommission. Der Inspektion der Infanterieschulen, Berlin, unterstehen: die Infanterieschießschule in Spandau, die Militärturnanstalt, Berlin, und die Unteroffizierschulen und Vorschulen. Bayern hat eine Militärschießschule, Augsburg, und eine Unteroffizierschule und Vorschule in Fürstenfeldbruck; Sachsen eine Unteroffizierschule und Vorschule in Marienberg.«
(aus: Meyers Konversationslexikon, Bd. 4, Leipzig und Wien 1908, S. 792/93)

Bestand der kaiserlichen Armee
Die Einteilung des Deutschen Reiches in Militärdistrikte entsprach somit nicht ausschließlich dem landsmannschaftlichen Prinzip. Die Armeecorps V, XV und XVI rekrutierten ihre Soldaten im ganzen Reich, da diese Corps ihre Garnisonen in den Bereichen Polen sowie Elsaß und Lothringen hatten. Da das preußische Gardecorps keinen eigenen Corps-Distrikt hatte, zog es seine Angehörigen ebenfalls aus allen Teilen des Reiches ein. Leibregimenter, wie das Bayerische oder das 1. Badische, setzten sich ausschließlich aus Soldaten und Offizieren des eigenen Landes zusammen.

Vor Beginn des Ersten Weltkrieges bestand die kaiserliche Armee aus:
217 Infanterie-Regimentern mit 651 Bataillonen
110 Kavallerie-Regimentern mit 547 Eskadrons
100 Feld-Artillerie-Regimentern mit 633 Batterien
 23 Fuß-Artillerie-Regimentern
 35 Pionier-Bataillonen
 25 Train-Bataillonen
 18 Jäger-Bataillonen
  7 Telegraphen-Bataillonen

6 Flieger-Bataillonen
5 Luftschiffer-Bataillonen
3 Eisenbahn-Bataillonen

Die Infanterie

Die zahlenmäßig größte Gliederung stellte die Infanterie dar. Anders als zum Beispiel die französische oder englische Infanterie nahm die deutsche Infanterie eine bevorzugte Stellung im Rahmen der deutschen Armee ein. Sie galt als die kampfstärkste Infanterie der Welt. Alle Einheiten trugen, abgesehen vom »Sächsischen Schützen-Regiment Nr. 108«, ausschließlich den dunkelblauen Uniformrock.

Die kaiserliche Armee verfügte, wie erwähnt, über 217 Infanterie-Regimenter. Die Traditions-Regimenter trugen die Namen von Mitgliedern regierender Fürstenhäuser des In- und Auslandes oder von verdienten Heerführern. Außerdem hatte jedes Regiment noch eine landsmannschaftliche Bezeichnung, wie z.B. »Lothringisches Infanterie-Regiment Nr. 130«.

Ferner gehörte mit zum Namen die genaue Gattungsbezeichnung, wie Füsilier-, Grenadier-, Infanterie- oder Fußregiment. Ebenso stammten die Zusätze »Garde-« oder »Leibregiment« aus dem Traditionsleben der »Alten Armee«.

Jedes Regiment bestand aus drei Bataillonen, wovon jedes in vier Kompanien gegliedert war.

Die Artillerie

Infolge der sich rapide entwickelnden technischen Möglichkeiten in der zweiten Hälfte des 19. Jahrhunderts war die Industrie in der Lage, der Armee zielgenaue und weittragende Geschütze zur Verfügung zu stellen. Die Lage Deutschlands im Herzen Europas, im Osten wie im Westen umgeben von möglichen Gegnern, veranlaßte die deutschen Militärstrategen, vor allem den Ausbau der Artillerie-Einheiten zu forcieren, die im Ernstfall in erster Linie die stark befestigten französischen Grenzbefestigungen unschädlich machen sollten. Diese Einschätzung erwies sich als richtig, wie die Erfolge bei der Festungsbekämpfung in den Schlachten des Ersten Weltkrieges zeigten.

Die Artillerie teilte sich in die Feld-Artillerie und die Fuß-Artillerie. Es existierten 102 Feld-Artillerie-Regimenter und 24 Fuß-Artillerie-Regimenter.

Jedes Feld-Artillerie-Regiment bestand aus sechs feuernden Batterien, wobei wiederum jede über sechs Geschütze verfügte. Zur Bedienung jedes Geschützes gehörten sechs Artilleristen. Zehn Regimenter verfügten über eine berittene Batterie. Im Gegensatz zum gewöhnlichen Artilleristen dienten die Angehörigen der reitenden Batterien nicht zwei, sondern drei Jahre, wobei das zusätzliche Jahr der Reitausbildung zugute kam.

Die ersten Feld-Artillerie-Regimenter wurden 1864 aufgestellt. Jedes Regiment bestand aus zwei Bataillonen mit jeweils vier Batterien. Der Begriff »Batterie« wurde erst ab Dezember 1904 eingeführt, bis dahin hießen sie Companien.

Die Kavallerie
Im deutschen Heer gab es 1914 110 Kavallerie-Regimenter. Je nach vorgehendem Einsatzauftrag unterschieden sich »Schwere« und »Leichte« Kavallerie.

Zur Leichten Kavallerie zählte man die Dragoner, Husaren, Jäger zu Pferde sowie die bayerischen Chevaulegers. Ulanen, Schwere Reiter und Kürassiere (diese nur in Preußen) bildeten die Schwere Kavallerie.

Mit Ausnahme Bayerns, das je Regiment vier Eskadronen (Schwadronen) vorschrieb, bestanden die übrigen deutschen Kavallerie-Regimenter jeweils aus fünf Eskadronen. Ausschließlich Preußen und Sachsen unterhielten Husaren-Regimenter, wobei auf Preußen 18 und auf Sachsen drei fielen. Mit 26 Regimentern waren die Dragoner etwas zahlreicher. Es gab badische, hessische, mecklenburgische, preußische und württembergische Dragoner. Die zehn Kürassier-Regimenter gehörten zu Preußen.

Mit 26 Regimentern erreichten die Ulanen mit ihrer charakteristischen Tschapka als Kopfbedeckung die gleiche Stärke wie die Dragoner. Der Ausdruck »Ulan« hat einen weiten Weg bis in die deutsche Armee hinter sich. »Oghlan« ist türkisch und bedeutet »junger Mann«. In der osmanischen Armee wurden so die Lanzenreiter bezeichnet. Abgewandelt fand dieser Ausdruck im 16. Jahrhundert in der polnischen Armee Anwendung und wurde später von den Deutschen übernommen. Neben der Tschapka gilt als Charakteristikum auch die »Ulanka«, der in zwei Reihen knöpfbare Uniformrock, der von der Taille nach den Schultern breit auseinanderläuft.

Die vielfältigen, eleganten Uniformen machen es schwer, eine als besonders schön hervorzuheben. Kenner legen sich auf die Uniform des Husaren-Regiments Nr. 3 »von Ziethen« fest, obwohl andere dem Regiment »Garde du Corps« der Kürassiere aus Potsdam den Vorzug geben.

Mit dem Zusammenbruch des Kaiserreichs war die große Zeit der Kavallerie endgültig vorbei. Motorisierte Verbände traten an ihre Stelle.

Mit einer Ausnahme (dem Königsjäger-Regiment Nr. 1) existierten die Jäger zu Pferde ausschließlich nur in der Stärke von Eskadronen. Der Begriff »Eskadron« stammt von dem italienischen Wort »squadrone« ab, was soviel bedeutet wie »viereckiger Haufen«. Ein Eskadron wurde meistens von einem Rittmeister befehligt. Die Stärke lag bei etwa 100–150 Reitern.

Ab 1905 gab es ausschließlich Jäger-zu-Pferde-Regimenter. Ob die Jäger zu Pferde ebenfalls wie die übrigen Jägerverbände eine besonders gute Schießausrüstung bekommen hatten, bedarf noch der Klärung.

Schließlich sind noch die bayerischen Chevauleger-Regimenter zu nennen. Ihr französischer Name weist auf eine lange Tradition hin, denn in der Tat ist das erste bayerische Chevauleger-Regiment bereits 1682 aufgestellt worden. Bis 1918 existierten in Bayern acht solcher Regimenter. Sie bildeten das bayerische Gegenstück zu den preußischen Dragonern.

Abschließend sind als eigenständige Kavallerie-Truppen noch die zwei bayerischen und zwei sächsischen Schwere-Reiter-Regimenter zu nennen. Bis 1879 gehörten die bayerischen Schweren Reiter zu den Kürassieren. Der Name »Schwere Reiter« taucht in der bayerischen Armeegeschichte im Zeitalter der Napoleonischen Befreiungskriege erstmalig auf.

Von den beiden sächsischen Schwere-Reiter-Regimentern kann besonders das Garde-Reiter-Regiment mit seinen prunkvollen Löwenhelmen auf eine lange Tradition zurückblicken. Seine Aufstellung erfolgte etwa um 1680 als berittene Garde der Kurfürsten von Sachsen.

Der Militärdienst in der deutschen Armee bis 1918

Im Deutschen Reich bestand gemäß der Verfassung die allgemeine Wehrpflicht.

Die Wehrpflicht hat in Deutschland eine lange Tradition. Vorläufer der Wehrpflicht war in Preußen die sogenannte »Kantonsverfassung« (auch Kantonsreglement) von 1733. Das Boyensche Dienstpflichtgesetz vom 3.9.1814 führte in Preußen die allgemeine Wehrpflicht ein. Diese wurde dann nach Durchführung der preußischen Heeresreform von 1860, die den Dualismus Heer–Landwehr aufhob, vom Norddeutschen Bund übernommen. Durch die Verfassung vom 16. April 1871 wurde die Wehrpflicht auf das gesamte Deutsche Reich übertragen.

Der Wehrpflicht unterlag jeder waffentaugliche Mann zwischen dem 17. und 45. Lebensjahr. Die allgemeine Wehrpflicht untergliederte sich in zwei Bereiche:

1. Die aktive Dienstzeit:
Sie betrug bei der Kavallerie, der Marine und der berittenen Artillerie drei Jahre, beginnend mit dem 20. Lebensjahr. Alle anderen Armeeteile dienten zwei Jahre.

Freiwillig konnten bereits junge Männer nach Vollendung des 17. Lebensjahres bis zu ihrem 20. Lebensjahr dienen und sich in dieser Zeit entscheiden, bei welcher Einheit sie später ihren aktiven Militärdienst ableisten wollten.

Ferner kannte das deutsche Heer noch die Gruppe der »Einjährig-Freiwilligen«, zumeist Studenten, die während ihres Studiums zum Wehrdienst herangezogen wurden. Auch die Volksschullehrer dienten wie sie nur ein Jahr im stehenden Heer und sechs Jahre in der Reserve. Sie hatten für Uniform, Verpflegung usw. während ihrer Dienstzeit selbst aufzukommen. Die meisten dieser kurzdienenden Akademiker schieden als Reserveoffiziere aus dem aktiven Dienst aus.

Die neu einberufenen Rekruten hatten sich im Herbst, nachdem die Manöver beendet waren, bei ihren Einheiten einzufinden. Die Soldaten, die ihre Dienstzeit beendet hatten, waren zuvor entlassen worden.

Von den gemusterten Wehrpflichtigen erwiesen sich meist etwa 5 bis 10% wegen körperlicher Mängel als »dienstuntauglich«. 10% betrug fast stets auch die Zahl der Freiwilligen.

Etwa 2% der jungen Soldaten wurden zur Marine eingezogen, während das Gros, also fast 80%, dem Heer zugeteilt wurde. Diese gewaltige Anzahl, oft fast 500 000 Mann, konnte das Heer jedoch weder ausbilden noch unterbringen. Deshalb teilte man meist die Hälfte dem Landsturm oder der Reserve zu, so daß je Jahrgang etwa 250 000 Heeresrekruten zur Ausbildung kamen.

Die Entlohnung des Soldaten kann als bescheiden angesehen werden: Der Wehrsold betrug etwa 6–7 Reichsmark im Monat. Oft mußten sich die Soldaten von dem wenigen Geld auch noch Nahrungsmittel kaufen, wenn das Essen der Garnisonsküche Mängel aufwies. Verpflegungspakete von zu Hause stellten eine willkommene Bereicherung dar.

Der Arbeitstag des Rekruten begann früh. Um 4.45 Uhr war die Nacht zu Ende. Gegen 6.30 Uhr befand sich der Soldat schon auf dem Exerzierplatz. Die Nachmittage waren ebenfalls bis zum Abendbrot mit Übungen ausgefüllt.

2. Die Reservistenzeit

Die *Landwehrpflicht* dauerte fünf Jahre im 1. Aufgebot, dann anschließend im 2. Aufgebot bis zum vollendeten 39. Lebensjahr. Der *Landsturm*, also jene Formation, in die der Reservist entlassen wurde, hatte zwei Aufgaben zu erfüllen: im Kriegsfall wurden aus den Landsturmeinheiten die im Felde stehenden Regimenter aufgefüllt. Außerdem sollte der Landsturm im Falle eines Übergreifens der Kampfhandlungen auf deutsches Gebiet die kämpfenden Verbände unterstützen und zusätzlich das Territorium sichern. Die Landsturmpflicht erstreckte sich auf alle nicht zum Heer gehörigen Wehrpflichtigen bis zur Vollendung des 45. Lebensjahres. Bei Offizieren (Ärzten, Tiermedizinern u. ä.) war eine längere Verwendung möglich. Der Landsturm war der Vorläufer des Volkssturms, der im Zweiten Weltkrieg ab 1944 zum Einsatz kam.

Infanterie-Regimenter

1–3 Mettlach-Reservistenkrug der Infanterie Württembergs ohne nähere Angaben. Material: Steingut, H 19 cm. Am Boden Fabrikationsnummern 2221–901–95–35. Umlaufende Darstellungen von angreifender Infanterie aus dem 18. Jh. und um die Jahrhundertwende. Dazwischen in säulenartigem Aufbau die Stätten berühmter Schlachten und die Devise »Hie gut Württemberg Allweg«. Charakteristischer, abgeflachter mit Militärgegenständen reliefierter Deckel.

1 △

2 ▽

42

◁◁ 4 Garde-Grenadier-Regiment 3, 5. Companie »Königin Elisabeth«, Berlin-Charlottenburg, 1908/10, Porzellan, H 30 cm. Seltener preußischer Gardekrug mit dem bekrönten »E«, dem Symbol dieses Regiments, als Hauptmotiv.

◁ 5 Infanterie-Regiment 25, 10. Companie »von Lützow« (1. Rheinisches Infanterie-Regiment), Rastatt 1896, Porzellan, H 28 cm. Krugmittelpunkt ist die Regimentszahl »25«, eingerahmt und umgeben von militärischen Ausrüstungsgegenständen. Am oberen Krugrand die Inschrift: »Hoch lebe das Regiment das sich mit Stolz von Lützow nennt.«

6 Deckel von Abb. 5: Beachtenswert ist die Zinnmontierung. Während auf dem Deckel der feldmarschmäßig ausgerüstete Rekrut steht, wurde als Daumenrast das schildhaltende badische Wappentier gewählt.

7 Infanterie-Regiment 29, 11. Companie »von Horn« (3. Rheinisches Infanterie-Regiment), Trier 1912/14, Porzellan, H 31 cm. Lange wird sich der Kruginhaber seiner Reservistenzeit nicht erfreut haben, da seine Entlassung mit dem Kriegsausbruch zusammenfällt. Die Deckelszene findet sich selten: Ein Rekrut stützt seinen verletzten Kameraden.

8–10 Füsilier-Regiment 39, 10. Companie, Düsseldorf 1897/99, Porzellan, H 27 cm. Seltener Krug eines Regimentsbäckers mit reichausgestattetem Bäckeremblem sowie einer Bäckerszene und Widmung an seinen Onkel. Handbemalt. Signiert: J. H. Wacker, Ross-Str. ▷

9 △   10 ▽

45

11 Infanterie-Regiment 56, 9. Companie »Vogel von Falckenstein« (7. Westfälisches Infanterie-Regiment), Cleve 1887, Porzellan, H 13,5 cm. Handbemalter Reservistenpfeifenkopf, dessen Figuration zwar detailgetreu, aber statisch wirkt.

12, 13 Infanterie-Regiment 53, 5. Companie (5. Westfälisches Infanterie-Regiment), Köln-Deutz 1906/09, Steingut, H 31 cm. Krug mit hohem Unterbau, der Platz für verschiedene Soldatenszenen gibt. Der Krugmittelpunkt bildet eine Ansicht von Köln mit feiernden Rekruten und der bekrönten Regimentszahl. Interessant ist die Rückseite: nahe dem Henkel zwei handgeschriebene Namenleisten der Companieangehörigen. ▷

47

14 Infanterie-Regiment 60, 11. Companie »Markgraf Karl«, Weißenburg 1901, Porzellan, H 16,5 cm. Infanteriekrug ohne Deckel mit seltener Wachszene. Interessant ist die Schreibweise »heudigen Tag« im oberen Spruch.

15 Bei diesem Krug eines Angehörigen des 68. Infanterie-Regiments in Koblenz, 1900/02, wurde die Fläche der Namenleisten für Sinnsprüche verwendet. Selten findet man auch den Standdekor in Form von Halbkreisen. Steingut, H 30 cm. ▷

▷▷

16 Infanterie-Regiment 69, 5. Companie (7. Rheinisches Infanterie-Regiment), Trier 1911/13, Steingut, H 33 cm. Dieser Krug vereinigt eine Vielzahl von Motiven: im Mittelpunkt ein Blick auf die Garnisonsstadt sowie Medaillons mit dem Kaiser und dem Reichsadler. Die weitere Fläche ist mit einer Vielzahl von Manöverszenen verziert. Ein typischer Krug der Spätphase aus dem westlichen Reichsgebiet.

49

17–19 Infanterie-Regiment 80, 4. Companie »von Gersdorff« (Kurhessisches Infanterie-Regiment), Wiesbaden 1894/96, Porzellan, H 16,5 cm. Handbemalter Porzellankrug, der noch nicht die gestreckte Form späterer Reservistenkrüge aufweist, sondern ebenso wie der Deckel an normale Bierkrüge der Zeit erinnert.

20 Infanterie-Regiment 79, 12. Companie »von Voigts-Rhetz« (3. Hannoversches Infanterie-Regiment), Hildesheim 1898/1900, Porzellan, H 27 cm. Typischer Krug der Jahrhundertwende, bei dem sowohl die Regimentszahl wie auch der Deckel bekrönt ist.

21 Dieser Pfeifenkopf gehörte einem Mitglied der Familie Kasper; auf die Richtigschreibung des Namens legte man offensichtlich keinen allzugroßen Wert (vgl. Abb. 44). Dieser Reservist diente ebenfalls im 70. Infanterie-Regiment und sogar in der gleichen (2.) Companie, nur einige Jahre später (1905). Die Bemalung soll die Verbundenheit des Zivillebens mit dem militärischen Leben symbolisieren. Porzellan, H 13,5 cm.

22 Füsilier-Regiment 80, 8. Companie »von Gersdorff« (Kurhessisches Füsilier-Regiment), Wiesbaden 1903/05, Steingut, H 29 cm. Für »Infanterie« wurde früher auch der Ausdruck »Füsilier« verwendet. Teile der Auszier dieses Keramikkruges liegen reliefartig auf. Krüge solchen Typs finden sich häufig bei hessischen Regimentern. ▷

23 Infanterie-Regiment 81, 11. Companie »Landgraf Friedrich I. von Hessen-Kassel« (1. Hessisches Infanterie-Regiment), Frankfurt a. M. 1895/97, Porzellan, H 25 cm. Als Besonderheit befinden sich die Namenleisten direkt neben dem Hauptmotiv, während die typischen Manöverszenen die hintere Fläche dekorieren. ▷ ▷

53

54

◁ 24, 25 Infanterie-Regiment 82, 12. Companie (2. Hessisches Infanterie-Regiment), Mainz 1898, Porzellan, H 23 cm. Auch diesem Reservistenkrug liegt die normale Bierkrugform zugrunde, lediglich die Bemalung und der Deckel weisen auf militärische Verwendung hin. Möglicherweise stellt die seitliche Szene eine Begebenheit aus dem Leben des Reservisten dar.

26 Infanterie-Regiment 83, 7. Companie »von Wittich« (3. Hessisches Infanterie-Regiment), Kassel 1907/09, Porzellan, H 30 cm. Diese etwas überladene Ausstattung des Dekors entsprach weitgehend dem Reservistenkrugstil um 1910. Im Medaillon Kaiser Wilhelm II. in Gardeuniform. ▷

Zu Seite 56/57:
27 Infanterie-Regiment 70, 7. Companie (8. Rheinisches Infanterie-Regiment), Saarbrücken 1905/07, Porzellankörper mit Metallfassung, H ca. 20 cm. Reservistenschnapsflaschen von Militärbäckern finden sich selten. Das Motiv ist handgemalt. Die Verschlußkappe ziert ein Adler. Um die Flasche umhängen zu können, wurde eine Kordel montiert. Bei dem nebenstehenden Reservistenbild wurden lediglich die Köpfe in die vorhandene Szene eingesetzt. Es handelt sich um Angehörige der Germersheimer Garnison.

28 Infanterie-Regiment 87, 4. Companie (1. Nassauisches Infanterie-Regiment), Mainz 1904/06, Porzellan, H 32 cm. Das über dem Dekor umlaufende Schriftband weist den Reservisten als Teilnehmer am Kaisermanöver im Taunusgebirge aus.

29 Infanterie-Regiment 88, 6. Companie (2. Nassauisches Infanterie-Regiment), Mainz 1900/02, Porzellan, H 27,5 cm. Die verschiedenen Manöverszenen werden von einer Schabracke umrahmt. Der auf dem Deckel sitzende Rekrut wünscht ein »Prosit«.

56

32 Infanterie-Regiment 107, 9. Companie »Prinz Johann Georg« (8. Sächsisches Infanterie-Regiment), Leipzig 1904/06, Porzellan, H 27 cm. Vor dem Hintergrund von Leipzig verabschieden sich zwei Rekruten. Darunter im Medaillon König Friedrich August von Sachsen.

33 Grenadier-Regiment 110, 9. Companie »Kaiser Wilhelm I.« (2. Badisches Grenadier-Regiment), Mannheim 1894/96, Porzellan, H 20 cm. Initialen »WR« für Kaiser Wilhelm I.

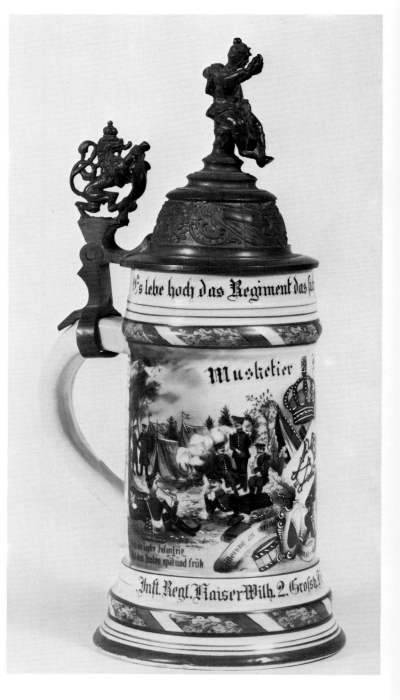

◁ ◁ 34 *Infanterie-Regiment 113, 11. Companie (5. Badisches Infanterie-Regiment), Freiburg 1910/12, Porzellan, H 31 cm. Als Hauptmotiv wurde eine Ansicht von Freiburg gewählt. Darunter sind in Medaillons die Porträts des Kaisers sowie des Landesherrn, dem Großherzog von Baden, angeordnet.*

◁ 35 *Infanterie-Regiment 116, 3. Companie »Kaiser Wilhelm II.« (2. Hessisches Infanterie-Regiment), Gießen 1903/05, Porzellan, H 29 cm. Auf einer Krugseite die Darstellung eines Biwaks im Manöver: Man sitzt, liegt und steht um das offene Feuer, raucht und unterhält sich.*

36 *Infanterie-Regiment 113, 7. Companie (5. Badisches Infanterie-Regiment), Freiburg 1904/06, Porzellan, H 27 cm. Da Baden kein Königreich, sondern ein Großherzogtum war, finden wir unter dem Wappen die Devise: »Mit Gott für Fürst u. Vaterland.«*

Zu Seite 58:

30 *Infanterie-Regiment 98, 4. Companie, Metz 1908, Porzellan, H 28,5 cm. Dieser sonst schlichte Krug weist zwei Besonderheiten auf: der Name »Joh. von Huedt« deutet auf einen adligen Besitzer hin, der eigentlich dem Offizierskorps angehören müßte. Ferner ist das obere Schriftband »Hopfen und Malz, Gott erhalt's« ungewöhnlich.*

31 *Infanterie-Regiment 106, 6. Companie »König Georg« (7. Sächsisches Infanterie-Regiment), Leipzig 1908, Porzellan, H 29 cm. Dieser Krug trägt die Herstelleraufschrift »G. Wieninger sen., Aberlestr. 16, München«, woraus sich ersehen läßt, daß manche Fabrikanten weite Teile des Reichsgebietes belieferten.*

37 Infanterie-Regiment 117, 2. Companie, Porzellan, H 13,5 cm. Das 117. Regiment war ein Leibregiment und führte die Bezeichnung »Großherzogin« (3. Hessisches Infanterie-Regiment). Auf dem Pfeifenkopf eine Wirtshausszene.

38, 39 Infanterie-Regiment 117, 5. und 11. Companie, Mainz 1900/02 und 1904/07, Porzellan, H 28 und 30 cm. Im Mittelpunkt der beiden Krüge das hessische Wappen bzw. Wilhelm II. Interessant in Abb. 39 das umlaufende Schriftband: »Zur Erinnerung an das Kaisermanöver im Taunus 1907.« ▷

63

40 Infanterie-Regiment 118, 3. Companie »Prinz Carl« (4. Großhessisches Infanterie-Regiment), Worms 1891, Porzellan, H 15 cm, ohne Deckel. Neben der Wappensymbolik finden wir im Mittelpunkt das Gründungsjahr des Regiments »1790«.

41 Ein sehr später Krug (1913/14) eines Einjährig-Freiwilligen der gleichen Einheit wie Abb. 40. Er weist charakteristisch die hohe Form (29 cm) und die vielfältige Auszier auf.

42 Grenadier-Regiment 123, 5. Companie »König Karl« (5. Württembergisches Grenadier-Regiment), Ulm 1898/1900, Porzellan, H 24 cm. Schlichter Krug mit Darstellung der Uniformen von 1805, 1870 und 1899.

43 Später Krug (1911/13) der gleichen Einheit wie Abb. 42. Porzellan, H 30 cm. Beachtenswert ist die Entwicklung vom Normal- zum Reservistenkrugdeckel.

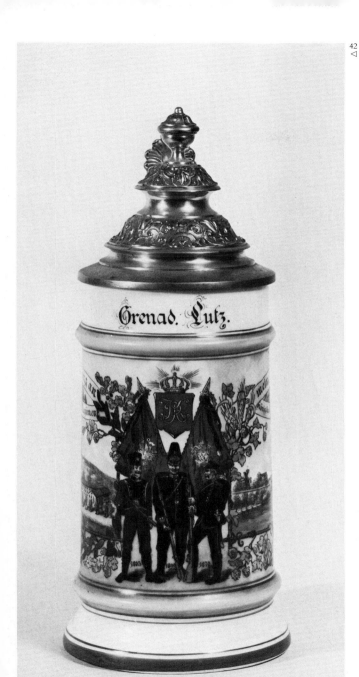

◁ ◁ 44 *Infanterie-Regiment 70, 2. Companie (8. Rheinisches Infanterie-Regiment), Saarbrücken 1895/97, Porzellan, H 18 cm.* Dieser guterhaltene Reservistenpfeifenkopf zeigt den Kaiser Wilhelm II. in Husarenuniform. Der Pfeifendeckel ist der Infanteristen-Pickelhaube nachgebildet (Schuppenkette fehlt). Dieser Pfeifenkopf gehörte einem Mitglied der Familie Casper (vgl. auch Abb. 21).

◁ 45 *Infanterie-Regiment 87, 1. Companie (1. Nassauisches Infanterie-Regiment), Mainz 1900/02, Porzellan, H 16 cm.* Zwei Rekruten reichen sich unter den Reichssymbolen zur Verbundenheit die Hände. Auffallend ist, daß nicht die Pickelhaube als Deckelform Verwendung fand.

46 *Infanterie-Regiment 125, 8. Companie »Kaiser Friedrich, König von Preußen« (7. Württembergisches Infanterie-Regiment), Stuttgart um 1900, Porzellan, H 28 cm.* Die hier dekorierte Eichenrankendarstellung findet sich fast ausschließlich auf württembergischen Krügen.

◁◁ 47 *Infanterie-Regiment 126, 8. Companie »Großherzog Friedrich von Baden« (8. Württembergisches Infanterie-Regiment), Straßburg 1908/10, Porzellan, H 28 cm.* Vor einem Wachhäuschen ziehen zum letzten Mal drei Rekruten auf. Der sitzende Rekrut (als Deckelzier) ist auf württembergischen Deckeln oft zu sehen.

◁ 48 *Infanterie-Regiment 130, 12. Companie (1. Lothringisches Infanterie-Regiment), Metz 1896, Porzellan, H 27 cm.* Nicht oft findet man das Porträt Wilhelms II. handgemalt in dieser Größe auf einem Krug.

49 *Infanterie-Regiment 133, 11. Companie (9. Sächsisches Infanterie-Regiment), Zwickau 1903, Porzellan, H 18 cm, ohne Deckel.* Dieser Krug vermittelt besondere Nähe zum ehemaligen Besitzer: im Oval bildet er selbst den Mittelpunkt.

50 51

◁ ◁ 50 Infanterie-Regiment 137, 10. Companie (2. Unterelsässisches Infanterie-Regiment), Hagenau 1900/02, Porzellan, H 28 cm. Dieser Krug war offenbar ein Geschenk: »Gewidmet von deinem lieben Sohn Heinrich . . . Meinem lieben Vater.«

51–53 Infanterie-Regiment 144, 4. Companie (5. Lothringisches Infanterie-Regiment), Mörchingen (Metz) 1898/1900, Porzellan, H 27,5 cm. Soldatenfreud und -leid spiegeln sich auf den Darstellungen des Kruges wider.

52

53

54–56 Infanterie-Regiment 160, 4. Companie (9. Rheinisches Infanterie-Regiment), Diez 1898/1900, Porzellan, H 28 cm. Die drei Motive dieses Kruges sind auf die Beendigung der Dienstzeit gerichtet. Die üblichen Manöverdarstellungen entfallen.

57 Infanterie-Regiment 167, 5. Companie (1. Oberelsässisches Infanterie-Regiment), Kassel und Mülhausen 1902/04, Porzellan, H 28 cm. Bewehrte Germania, eingerahmt von Namenleisten.

58 Infanterie-Regiment 168, 2. Companie (2. Hessisches Infanterie-Regiment), Butzbach/Offenbach 1902/04, Porzellan, H 29 cm. ▷

◁ 59 Infanterie-Regiment 173, 8. Companie (9. Lothringisches Infanterie-Regiment), St. Avold und Metz 1909/11, Steingut, H 31,5 cm. Dieser relativ hohe Infanteristenkrug fällt durch die Reliefierung der Staffage auf.

60 Infanterie-Leibregiment, 10. Companie, München 1893/95, Porzellan, H 22,5 cm. Schlichter Krug mit Wappen- und Fahnendekoration. Der Zinndeckel und die Daumenrast weisen noch keine militärischen Charakteristika auf.

63　3. Bayerisches Infanterie-Regiment, 11. Companie »Prinz Carl von Bayern«, Augsburg 1912/14, Steinzeug, H 30 cm.

Zu Seite 76/77:

61, 62 Infanterie-Leibregiment, 5. Companie, München 1906/08, Steingut, H 27 cm. Unter der Darstellung des Münchner Rathauses befindet sich das aufgedruckte Foto des Unteroffiziers Strobel. Oberst Graf Montgelas und Prinz Rupprecht von Bayern flankieren ihn. Auf dem Deckel des Leibregimentkruges befindet sich die bayerische Königskrone auf einem Samtkissen. Die Daumenrast bildet der das Wappen haltende bayerische Löwe.

64   *Deckelhaube aus Prismenglas von Abb. 63: abschraubbar und mit Blick auf ein Porzellanbild des Reservisten.*

◁ 65, 66 Darstellung aus einem alten Vorlagebuch der Firma Gebr. Bergmann, München, Hohenzollernstr. 158. Nach diesen Vorlagebüchern wählte der angehende Reservist sein Motiv aus. Auch seltene Motive, wie das für einen Militärbäcker (Abb. 66), standen zur Auswahl. Als neuester Modeschrei schien das Luftschiff zu gelten.

67 4. Bayerisches Infanterie-Regiment, 7. Companie »König Wilhelm II. von Württemberg«, Metz 1900/02, Porzellan, H 27,5 cm. Im Blickfeld stehen zwei Motive: Metz aus der Vogelperspektive sowie die gerahmte Regimentszahl. Auf dem Zinndeckel ein Rekrut sowie das Wappentier, der bayerische Löwe.

68 3. Bayerisches Infanterie-Regiment, 3. Companie »Prinz Carl von Bayern«, Augsburg/München, nach 1900, Porzellan, H 23 cm. Auf diesem Krug ist ein Zinndeckel mit Prismenglaseinsatz montiert. Unter dem Einsatz befindet sich die Darstellung eines weiteren Reservistenmotives. ▷

69, 70   5. Bayerisches Infanterie-Regiment, 3. Companie »Großherzog Ernst Ludwig von Hessen«, Bamberg 1890/93, Porzellan, H 22,5 cm. Schlichter, früher Krug mit Zinndeckel und Daumenrast ohne militärische Symbole.

83

◁ ◁ 71   7. Bayerisches Infanterie-Regiment, 2. Companie »Prinz Leopold«, Bayreuth 1907/09, Porzellan, H 29,5 cm. Obwohl der Krug das Andenken eines Militärmusikers (Hornist) war, ist der Dekor bis auf Signalhorn und Trommel wie üblich, was auf eine standardisierte Herstellung hinweist.

72, 73   11. Bayerisches Infanterie-Regiment, 4. Companie »von der Tann«, Regensburg 1911/13, Porzellan, H 32 cm. Neben der gefälligen Dekorierung des Krugkörpers besitzt der Deckel eine abschraubbare Haube. Unter der Haube bewahrte der Reservist sein Zechgeld auf.

Zu Seite 87:
76   16. Bayerisches Infanterie-Regiment, 8. Companie »Großherzog Ferdinand von Toskana«, Passau 1911/13, Steingut, H 25 cm. Im Mittelpunkt des Krugbildes sind der Prinzregent Luitpold sowie die Prinzen Ludwig und Rupprecht abgebildet. Darunter findet man ein Bild der Dreiflüssestadt Passau. Der Zinndeckel ist mit Prismenglaseinsatz.

77, 78   Beide Krüge aus dem gleichen Regiment wie Abb. 76.
Abb. 77: 3. Companie, Landshut 1903/05, Porzellan, H 23,5 cm. Manöverszene »Das letzte Gefecht«. Typisch bayerischer Prismendeckel.
Abb. 78: 4. Companie, Landshut 1900/02, Porzellan, H 26 cm. Den oberen Abschluß des Zinndeckels bildet der Reichsapfel.

85

◁ 74 10. Bayerisches Infanterie-Regiment, 4. Companie »König Ludwig III.«, Ingolstadt 1911/13, Porzellan, H 32 cm. Vierfarbiger, später Infanteristenkrug. Der Zinndeckel ist wieder mit Prismenglaseinsatz. Als Henkelzier dient ein plastisch gearbeiteter Soldatenkopf.
Ingolstadt, Bayerisches Armeemuseum

75 Frühe bayerische Reservistenpfeife, vermutlich aus der Gegend um Regensburg. Feinste Porzellanmalerei mit der Darstellung eines Biergartenausflugs. Datiert 1846.
Ingolstadt, Bayerisches Armeemuseum

76 △

77 ▽

◁ 79 17. Bayerisches Infanterie-Regiment, 7. Companie »Orff«, Germersheim 1910/12, Porzellan, H 25,5 cm. Der Dekor wirkt perfekt im Vergleich zu Abb. 80.

80 Gleiches Regiment wie Abb. 79, 1. Companie »Orff«, Zweibrücken 1896, Porzellan, H 26,5 cm. Schlichter Infanteriekrug mit der bayerischen Devise: »In Treue fest«. Den Deckelabschluß bilden ein Soldat und ein Löwe.

83　19. Bayerisches Infanterie-Regiment, 8. Companie »König Viktor Emanuel III. von Italien«, Erlangen 1910/12, Porzellan, H 31 cm. Relativ hoher Infanteristenkrug, dessen Deckel eine abschraubbare Haube besitzt. Unter der Haube ist ein geschliffener Glasstein eingelassen.

Zu Seite 89:
81, 82　18. Bayerisches Infanterie-Regiment, 7. Companie »Prinz Ludwig Ferdinand«, Landau 1894/96, Porzellan, H 24 cm. Das Brustbild des Prinzregenten Luitpold bildet den Mittelpunkt dieses individuellen Kruges, während in Henkelnähe typische Szenen zu finden sind.

84 20. Bayerisches Infanterie-Regiment, 4. Companie »Prinz Franz«, Lindau 1904/06, Porzellan, H 28 cm. Die bekannte Ansicht der Lindauer Hafeneinfahrt bildet das Hauptmotiv des Kruges des Tambours Hipp.

Jäger-Bataillone

85, 86 Garde-Schützen-Bataillon, 1. Companie, Berlin-Lichterfelde 1911/13, Glas, H 22 cm. Völlig aus dem Rahmen fallen die Krüge dieser Einheit. Sie bestehen aus Glas, welches von Hand bemalt wurde. Über dem Hirsch der Gardestern mit der preußischen Devise: »Suum Cuique« (Jedem das Seine). Auf dem feinausgebildeten Zinndeckel ruht der Jäger-Tschako.

87 4. Garde-Grenadier-Regiment zu Fuß, 7. Companie, Berlin 1898, Porzellan, Ø ca. 25 cm. Reservistenschale mit der handgemalten Darstellung einer Kaffeeszene, begrenzt von Uniformdarstellungen und dem Gardestern. Geschenk eines Grenadiers an seine Schwägerin.
▷

88, 89 2. Bayerisches Jäger-Bataillon, 1. Companie, Aschaffenburg 1899/1901, Porzellan, H 23 cm. Neben der Ansicht von Aschaffenburg und der Jägersymbolik ist vor allem die Namenleiste aufschlußreich: Sie verweist auf Freiwillige der China-Expedition, die beim 2. See-Bataillon und beim 4. Ostasiatischen Infanterie-Regiment dienten.

90, 91 Zwei Seiten aus dem Vorlagebuch der Fa. Bergmann, München ▷

Bayerische Militär-Andenkenkrüge

◁ 92   93

92, 93 Steinzeug-Literkrug der Kameradschaft des Königlich-Bayerischen-Infanterie-Leibregiments, zur silbernen Hochzeitsfeier eines Angehörigen. Prachtvoller Flachzinndeckel mit den Initialen des Regiments. H ca. 20 cm.

Gegenüberliegende Seite:
94, 95 Steinzeugkrug des Verbandes der Prinzregent-Luitpold-Kanoniere e.V. Seltener Zinnstandfuß, prächtiger Raupenhelm als Deckelzier. Bayern nach 1900, H 22 cm.
Ingolstadt, Bayerisches Armeemuseum

96, 97 Geschliffener Halbliterkrug mit prächtiger, exakter Nachbildung einer bayerischen Pickelhaube als Deckel. Bayern um 1900, H 24 cm.
Ingolstadt, Bayerisches Armeemuseum

94 △

95 △

96 ▽

97 ▽

Kavallerie-Regimenter

98 Dragoner-Regiment 24, 5. Eskadron (Großherzoglich Hessische Leibdragoner), Darmstadt 1889/92, Porzellan, H 15 cm, ohne Deckel. Von Hand bemalter, verhältnismäßig kleiner Krug, der in der Form an zivile Bierseidel erinnert.

99 Dragoner-Regiment 2, 4. Eskadron (1. Brandenburgisches Dragoner-Regiment), Schwedt an der Oder 1895/98, Porzellan, H 16 cm, ohne Deckel.

100 Ulanen-Regiment 5, 2. Eskadron (Westfälisches Ulanen-Regiment), Düsseldorf 1898, Porzellan, Tassenhöhe ca. 9 cm. Seltene Geschenktasse eines Ulanen für seinen Vater. Das Tassenmotiv ist umgeben von plastischen Blüten.

101 Dragoner-Regiment 7, 2. Eskadron (Westfälisches Dragoner-Regiment), Saarbrücken 1898/1901, Porzellan, H 29 cm. Typischer Kavalleristenkrug zur Jahrhundertwende, mit handgemalter Dragonerattacke als Frontmotiv.

102 Garde-Dragoner-Regiment 23, Leibeskadron (1. Hessisches Garde-Dragoner-Regiment), Darmstadt 1908/11, Porzellan, H 31 cm.

103 Dragoner-Regiment 25, 2. Eskadron »Königin Olga« (1. Württembergisches Dragoner-Regiment), Ludwigsburg 1908/11, Porzellan, H 30 cm. Dieses Seitenbild hält eine Dragonerattacke fest. Besonders fällt die prachtvolle Uniform mit wallendem Roßhaar am Helm auf.

105 △   106 ▽

◁ 104–106 Husaren-Regiment 7, 4. Eskadron »König Wilhelm I.« (1. Rheinisches Husaren-Regiment), Bonn 1893/96, Porzellan, H 23 cm. Die handgemalten Seitendarstellungen zeigen die prachtvolle Ausstattung der Husaren.

107 Husaren-Regiment 13, 2. Eskadron »König Humbert von Italien« (1. Hessisches Husaren-Regiment), Diedenhofen um 1905, Porzellan, H 16,5 cm. Reservistenpfeifenkopf mit fröhlicher Trinkszene.

110, 111 Jäger-Regiment zu Pferde 3, 4. Eskadron, Colmar 1910/13, Porzellan, H 37,5 cm. Äußerst seltener Jäger-zu-Pferde-Literkrug. Neben der ungewöhnlichen Höhe ist der Deckel mit dem großen Reiter beachtenswert, der sonst nur noch auf Kürassierkrügen zu finden ist. Schaut man durch die Öffnung im Kopf des Pferdes, so wird ein optisch vergrößertes Transparentbild sichtbar.

◁ *108, 109* Husaren-Regiment 13, 3. Eskadron »König Humbert von Italien« (1. Hessisches Husaren-Regiment), Diedenhofen 1910/13, Porzellan, H 31,5 cm. Im Frontmedaillon ist Wilhelm II. in Husarenuniform abgebildet. Ungewöhnlich hoher Deckel (ca. 13 cm) mit umlaufenden Reitergefechtsszenen.

112 Kürassier-Regiment 6, 4. Eskadron »Kaiser Nikolaus von Rußland«, Brandenburg 1904/07, L 125 cm. Pfeife aus Holzrohr, Hornplatten und gedrechseltem Horn sowie mit bemaltem Porzellanpfeifenkopf. Signiert »Otto Speliedt, Burg bei Brandenburg«.

113 Kürassier-Regiment 4, 2. Eskadron »von Driesen« (Westfälisches Kürassier-Regiment), Münster 1907/10, Steingut, H 36,5 cm. Dieser reliefierte Literkrug zeigt an der Frontseite einen Kürassier in weißer Uniformjacke, worüber bei Paraden und sonstigen Anlässen der Küraß gelegt wurde. Auf dem Deckel befindet sich ein Reiter, zu dessen Füßen eine Plakette mit dem Bild Wilhelms II. hängt.

114 Ulanen-Regiment 4, 1. Eskadron »von Schmidt« (1. Pommersches Ulanen-Regiment), Thorn nach 1900, Porzellan, H ca. 30 cm. Obwohl im fernen Thorn in Garnison, sind die Thorner Ulanen vor dem Brandenburger Tor in Berlin abgebildet. Möglicherweise besaß der Krughersteller keine Abbildung von Thorn. Die Reiterplastik auf dem Deckel zeigt die charakteristische Kopfbedeckung.

115 1. Garde-Ulanen-Regiment, 3. Eskadron, Potsdam 1907/10, Porzellan, H 23 cm. »Es lebe hoch das Regiment, das Majestät die Perle nennt!« Diese Losung auf der Vorderseite bezieht sich auf einen Ausspruch Wilhelms II. Vor dem Hintergrund Potsdams reiten drei lanzenbewehrte Angehörige dieser Eliteeinheit.

116 Ulanen-Regiment 5, 4. Eskadron (Westfälisches Ulanen-Regiment), Düsseldorf 1910/13, Steingut, H 22 cm, ohne Deckel. Halb verdeckt durch ein Hufeisen, ein Glücksbringer, steht ein Soldat bekleidet mit der »Ulanka«, dem zweireihig knöpfbaren Uniformrock.

117 Ulanen-Regiment 11, »Graf Haexler« (2. Brandenburgisches Ulanen-Regiment), Saarburg 1899/1902, Porzellan, H 30 cm. Auf dem Seitenbild wird eine Attacke geritten, wozu der optimistische Spruch paßt: »Wo Ulanen attakiren muß der stärkste Feind verlieren.« ▷

118 Ulanen-Regiment 18, 2. Eskadron (2. Sächsisches Ulanen-Regiment), Leipzig 1901/04, Porzellan, H 26,5 cm. Als kleines Frontmotiv dient ein sächsischer Ulan. Auf den Seitenflächen ist ein Abschied sowie ein Ausritt dargestellt. ▷ ▷

109

119–121 Ulanen-Regiment 5, 5. Eskadron (Westfälisches Ulanen-Regiment), Düsseldorf 1898/1901, Steingut, H 28 cm. Begrenzt von Säulen, setzt ein Ulan über einen geborstenen Zaun. Die Vorderseite wird durch die Namenleisten abgegrenzt. Das Seitenbild zeigt eine typische Abschiedsszene mit Spruch. Daumendrücker in Form des Reichsadlers.

Zu Seite 113:
124 Ulanen-Regiment 13, 2. Eskadron »Königs-Ulanen« (1. Hannoversches Ulanen-Regiment), Hannover 1903/06, Porzellan, H 33 cm. Prächtig dekorierter Krug der Königs-Ulanen. Dieses berühmte Regiment focht unter Wellington bereits bei der Schlacht von Waterloo erfolgreich.

125 Ulanen-Regiment 18, 4. Eskadron (2. Sächsisches Ulanen-Regiment), Leipzig 1904/07, Porzellan, H 33 cm. Dieser hohe sächsische Ulanenkrug ähnelt sehr stark dem des Ulanen-Regiments 13 (vgl. Abb. 124). Vermutlich stammen sie vom gleichen Hersteller.

126 Ulanen-Regiment 6, 2. Eskadron (Thüringisches Ulanen-Regiment, Mühlhausen 1891/94, Porzellan, H 20 cm. Ungewöhnlich qualitätsvolle Darstellung eines Ulanen, die um so mehr wirkt, weil das Motiv nicht von anderen Szenen beeinträchtigt wird.

122, 123 1. Bayerisches Schweres-Reiter-Regiment, 1. Eskadron »Prinz Carl von Bayern«, München 1899/1902, Porzellan, H 23 cm. In Bayern gab es lediglich zwei Schwere-Reiter-Regimenter, die ausschließlich in Altbayern (München und Landshut) in Garnison lagen. Der Krug weist die übliche Darstellung auf. Beachtenswert ist der Zinndeckel mit einem Foto des Prinzen Carl, welches auf den Porzellaneinsatz übertragen wurde.

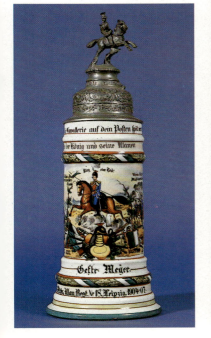

113

115

Zu Seite 114/115:

127, 128 2. Bayerisches Ulanen-Regiment, 5. Eskadron »König«, Ansbach 1901/04, Porzellan, H 28,5 cm. Typischer Kavalleristenkrug mit attackierenden Ulanen als Frontdarstellung. Auf dem Seitenteil ist eine Quartiernahme abgebildet. Den Deckel verziert ein Ulan mit aufgestellter Lanze.

129 Chevauleger-Regiment, 1. Eskadron »Zar Nicolaus von Rußland«, Nürnberg 1905/08, Porzellan, H 30 cm. Vor dem Hintergrund der Nürnberger Burg attackiert ein Chevauleger. Chevauleger-Regimenter gab es nur in Bayern, sie entsprachen den Dragonern im übrigen Reich.

130 3. Chevauleger-Regiment, 4. Eskadron »Herzog Karl Theodor«, Dienze 1898/1901, Porzellan, H 27,5 cm. Der Reiter in der Krugmitte ist umgeben von Militär- und Reichssymbolen; daneben aufgereiht die handgeschriebene Namenleiste.

131 Vorlageblatt für einen Chevaulegerkrug aus dem Vorlagebuch der Fa. Bergmann, München.

132 4. Chevauleger-Regiment, 2. Eskadron »König«, Augsburg 1894/97, Porzellan, H 27 cm. Bis auf das Motiv und die Beschriftung entspricht der Krug den Halbliter-Bierseideln. Deckel und Daumenrast zeigen ebenfalls keine militärischen Motive. ▷

133 5. Chevauleger-Regiment, 1. Eskadron »Erzherzog Albrecht von Österreich«, Saargemünd 1900/03, Porzellan, H 28 cm. Aus allen Teilen des Reiches wurden Verbände an der deutsch-französischen Grenze stationiert, da man eine Auseinandersetzung mit Frankreich für wahrscheinlich hielt. ▷▷

117

134, 135 Sächsisches Garde-Reiter-Regiment, 1. Eskadron (1. Sächsisches Schwere-Reiter-Regiment), Dresden 1899/1902, Porzellan, H 22 cm. Dieser ziemlich kleine Krug weist in der Krugmitte das bekrönte Monogramm »AR« als Symbol der Verbundenheit mit König Albert von Sachsen (1828–1902) auf. Den Deckel ziert der sächsische Garde-Reiterhelm mit dem Gardestern.

Feld-Artillerie-Regimenter

◁ **136, 137** Feld-Artillerie-Regiment 7, 1. Batterie (1. Westfälisches Feld-Artillerie-Regiment), Wesel 1912/14, Steingut, H 30 cm. Sehr reizvoller Krug mit der Darstellung eines Artilleristen unter einem Portal. Seitlich sind Artilleristen im Felde zu sehen. Die Daumenrast bildet ein aufgesessener Artillerist, während den Deckel ein Geschütz verziert.

138 Lehrregiment, 2. Batterie, Feld-Artillerie-Schießschule, Jüterbog 1899/1901. In Jüterbog war je ein Lehrregiment der Feld- und Fuß-Artillerie Preußens stationiert. Hier erfolgte die Ausbildung von Offizieren und Mannschaften. Porzellan, H 15 cm. Pfeifenkopf mit Darstellung einer Bespannungsabteilung im Felde.

139 Lehrregiment, 2. Batterie, Feld-Artillerie-Schießschule, Jüterbog 1899/1901, Porzellan, H 27,5 cm. Erstaunlich ist, daß auf diesem Krug im Sechseck ein Reiter abgebildet ist und der Kanonier lediglich die Deckelzier bildet.

138

139

140 Feld-Artillerie-Regiment 8, 9. Batterie »von Holzendorf«, Köln 1894/96, Porzellan, H 22 cm. Etwas verschwommen wirkender Dekor einer Einheit, die eigentlich in Saarbrücken und Saarlouis stationiert war. Entweder befand sich die 9. Batterie in Köln in Garnison oder es handelt sich um einen Schreibfehler.

141 Feld-Artillerie-Regiment 10, 1. fahrende Batterie »von Scharnhorst« (1. Hannoversches Feld-Artillerie-Regiment), Hannover 1907/09, Porzellan, H 29 cm. Die Hauptszene gibt uns Einblick in den Artilleristenalltag: Artilleristen helfen, das schwere Geschütz den Berg hinaufzuschieben. ▷

142 Feld-Artillerie-Regiment 12, 4. Batterie (1. Sächsisches Feld-Artillerie-Regiment), Dresden 1906/08, Porzellan, H 30 cm. Der ausgemalte Stahldruck dieses Kruges zeigt die Feld-Artillerie im Manöver; im Vordergrund sind das sächsische Wappen und die Initialen »AR« für König Albert von Sachsen zu sehen. ▷ ▷

143 Feld-Artillerie-Regiment 23, 1. Batterie (2. Rheinisches Feld-Artillerie-Regiment), Koblenz 1897/99, Porzellan, H 24 cm. »Gehorsam, Treue, Tapferkeit des deutschen Kriegers Ehrenkleid«, so lautet ein Spruch auf diesem Krug. Seitenansicht vgl. Abb. 145.

144 Feld-Artillerie-Regiment 23, 1. Batterie (2. Rheinisches Feld-Artillerie-Regiment), Koblenz 1903, Porzellan, H 14 cm. Handbemalter Pfeifenkopf eines berittenen Artilleristen mit der Parole »Sieg oder Tod«.

145 Seitenansicht von Abb. 143: Sehr eigenwillig bei diesem Krug ist der Henkel, der bis zum Boden reicht. ▷

126

◁ ◁ *146 Feld-Artillerie-Regiment 25, 9. Batterie (1. Hessisches Feld-Artillerie-Regiment), Darmstadt 1894/96, Porzellan, H 25,5 cm. Typisch hessischer Krug mit Initialenkartusche und vorderseitig angebrachten Namenleisten.*

◁ *147 Feld-Artillerie-Regiment 30, 2. Batterie (2. Badisches Feld-Artillerie-Regiment), Rastatt 1894/96, Porzellan, H 24,5 cm. Der »Fahrer Krebs« wäre nach unseren Begriffen ein Kutscher, da die Geschützlafetten von Pferden gezogen wurden. Dieser Krug sowie der von Abb. 146 stammen offenbar vom gleichen Hersteller.*

148 Feld-Artillerie-Regiment 27, 3. Batterie »Oranien« (1. Nassauisches Feld-Artillerie-Regiment), Mainz-Gonsenheim 1905/07, Porzellan, H 20 cm, ohne Deckel. »Kanonendonner ist unser Gruß« dürfte wohl die häufigste Aufschrift auf einem Artilleristenkrug sein.

150 △   151 ▽

◁ 149–151 Feld-Artillerie-Regiment 27, 6. Batterie »Oranien« (1. Nassauisches Feld-Artillerie-Regiment), Wiesbaden 1912/14, Steingut, H 34 cm. Dieser hohe Krug zeigt Szenen aus dem Alltag des Kavalleristen auf dem Übungsgelände. Der Deckel weist die Form einer Geschoßspitze auf, die mit zwei Kanonieren am Geschütz verziert ist. Die Daumenrast zeigt einen Artilleristen zu Pferde. Die Augen des Tieres bestehen aus Glasperlen.

152 Feld-Artillerie-Regiment 45, 4. Batterie (Lauenburgisches Feld-Artillerie-Regiment), Altona 1908/10, Steingut, H 36 cm. Dieser teilreliefierte Literkrug zeigt neben dem oberen Stahldruckmotiv am unteren Rand eine Reihe von fröhlichen Reservistenszenen.

153, 154 Feld-Artillerie-Regiment 58, 3. Batterie, Minden 1906/08, Steingut, H 28 cm. Während das Geschütz geladen wird, betrachtet ein Artillerist die anvisierte Stellung durchs Fernglas. Auf dem Deckel die Darstellung eines Kanoniers am Geschütz mit danebenliegenden Kugeln. Der Daumendrükker ist in Form eines Kavalleristen zu Pferde gegossen.

155 Feld-Artillerie-Regiment 46, 6. Batterie (Niedersächsisches Feld-Artillerie-Regiment), Celle 1908/10, Porzellan, H 30 cm. Im Hauptmotiv sieht man Angehörige der Bespannungsabteilung zügig über ein Feld reiten. Darunter im Oval Wilhelm I. sowie das Reichswappen.

156 Feld-Artillerie-Regiment 10, »von Scharnhorst« (1. Hannoversches Feld-Artillerie-Regiment), Hannover um 1900, Porzellan, H 21 cm. Dieser kleine Krug weist ein typisches Pfeifendekor auf (vgl. auch Fig. 11 und Abb. 37). Der Deckel trägt keine militärischen Symbole. ▷

157, 158 *Feld-Artillerie-Regiment 59, 5. Batterie (Bergisches Feld-Artillerie-Regiment), Köln-Riehl nach 1900, Steingut, H 32 cm. Originell ist an diesem hohen Halbliterkrug die abschraubbare Deckelhaube, die einer Geschoßspitze originalgetreu nachgegossen wurde. Auf einem Rundpodest stehen zwei Kavalleristen am Geschütz.*

Zu Seite 136/137:

159, 160 2. Bayerisches Feld-Artillerie-Regiment, 2. reitende Batterie »Horn«, Würzburg 1899/1901, Porzellan, H 26,5 cm. Seltener Krug eines Fahrers einer reitenden Batterie. Die obere Abbildung zeigt Angehörige der reitenden Batterie, während auf der unteren die Festung Marienberg von der Mainbrücke aus zu sehen ist. Als Deckelzier dient die Krone.

161 2. Bayerisches Feld-Artillerie-Regiment, 2. fahrende Batterie »Horn«, Würzburg 1895/97, Porzellan, H 24,5 cm. Auf der großflächig gemalten Szene zieht die Bespannungsabteilung eine Geschützlafette durch die Weinberge um Würzburg. Als seltene Deckelzier dient die Germania.

162 4. Bayerisches Feld-Artillerie-Regiment, 3. fahrende Batterie »König«, Augsburg 1895/97, Porzellan, H 21 cm. Dieser kleine Augsburger Krug zeigt eine Reihe handgemalter Darstellungen, die meistens auf Pfeifen zu finden sind. Die Daumenrast und der Deckel zeigen keine militärischen Symbole.

135

161

162

137

163   Fuß-Artillerie-Regiment 3, 3. Batterie »Generalfeldzeugmeister Brandenburg«, Mainz 1902/04, Porzellan, H 17,5 cm, ohne Deckel. Origineller Dekor: Artillerist hält Wache neben einem Geschütz, welches auf eine Burg gerichtet ist. Davor stehen aufgereiht Geschosse verschiedenen Kalibers.

164   Fuß-Artillerie-Regiment 3, 2. Batterie »Generalfeldzeugmeister Brandenburg«, Mainz 1897/99, Porzellan, H 27,5 cm. Eine breitflächige Ansicht von Mainz mit dem Rhein im Vordergrund. Über die breite Rheinbrücke schlendern zwei Reservisten. Auf dem Deckel eine seltene Abschiedsszene hinter einem Geschütz.
▷

165, 166 Fuß-Artillerie-Regiment 10, 7. Batterie (Niedersächsisches Fuß-Artillerie-Regiment), Straßburg 1907/09, Porzellan, H 24 cm. Naturgetreue Darstellung verschiedener Lade- und Feuerszenen mit schwerem Geschütz machen den Krug sehenswert.

◁◁ 167 Fuß-Artillerie-Regiment 3, 3. Batterie »Generalfeldzeugmeister Brandenburg«, Mainz 1910/12, Porzellan, H 26 cm. Farbenprächtiger Mainzer Krug mit Stadtansicht und Manöverdarstellungen. Sehr exakt ausgemalter Stahldruck. Abschraubbare Deckelhaube in Form einer Geschoßspitze.

◁ 168 Fuß-Artillerie-Regiment 8, Bespannungsabteilung (Rheinisches Fuß-Artillerie-Regiment), Köln 1900, Steingut, H 26 cm. Handbemalter, farbenfroher Krug mit Reiterszene. Dieser Krug diente als Geschenk eines Kavalleristen an seinen Schwager.

169 Fuß-Artillerie-Regiment 13, 6. Companie (Hohenzollernsches Fuß-Artillerie-Regiment), Breisach 1906/08, Porzellan, H 28 cm. Ein schweres Geschütz ist auf einer Anhöhe in Stellung gebracht worden und zielt auf eine Stadt (Breisach?). ▷

Zu Seite 142:
170 1. Bayerisches Fuß-Artillerie-Regiment, 7. Companie, Ingolstadt 1895/97, Porzellan, H 28 cm. »Donner Hagel, Todt und Blitz. Alles komt aus dem Geschütz« verkündet auf der Vorderseite ein Reim über einem prachtvoll dargestellten Geschütz. Der Kanonier steht mit Geschossen und dem Ladestock daneben. An den Seiten Scherzszenen.

171 2. Bayerisches Fuß-Artillerie-Regiment, 9. Companie, Metz 1901, Porzellan, H 23 cm. Seltener bayerischer Artilleristenkrug in Geschoßform. Der vordere Teil des Kruges ist mit einem großen, gutausgeführten bayerischen Wappen versehen. Bis auf die Montierung besteht der Deckel ebenfalls aus Porzellan.

170 ◁

▷ 171

172, 173 Fuß-Artillerie-Bataillon 14, 4. Companie (Badisches Fuß-Artillerie-Regiment), Neubreisach 1885/88, Porzellan, H 18 cm. Diesen kleinen Krug sollte man von allen Seiten betrachten: Einen Reservisten, der auf einem Geschoß Richtung Heimat fliegt, sieht man selten.

174, 175 Fuß-Artillerie-Regiment 14, Bespannungsabteilung (Badisches Fuß-Artillerie-Regiment), Straßburg 1909/11, Porzellan, H 23 cm. Wie üblich wählten Angehörige einer Bespannungsabteilung ein Reitermotiv als Frontmotiv. Als Daumenrast dient das badische Wappentier; der Flachdeckel trägt die Aufschrift »Wohl bekomm's!«.

177 Fuß-Artillerie-Regiment 14, 3. Companie (Badisches Fuß-Artillerie-Regiment), Straßburg 1903/05, Porzellan, H 24 cm. Neben dem umlaufenden Schriftband »Erinnerung an meine Dienstzeit« steht der Vermerk »Ges. gesch.«, was bedeutet, daß diese Darstellung nicht ohne weiteres von anderen Herstellern verwendet werden konnte.

◁ 176 Das gegossene Brustporträt Wilhelms II. als Daumenrast macht deutlich, welche Form die Kaiserverehrung um die Jahrhundertwende angenommen hatte.

◁ 178 Deckel zu Krug Abb. 179: Das Bild unter dem Prismenglaseinsatz des Zinndeckels zeigt München.

179 1. Bayerisches Fuß-Artillerie-Regiment, 6. Batterie »Bothmer«, München 1912/14, Steinzeug, H ca. 27 cm. Lange dürfte der Besitzer des Kruges nicht zur Reserve gehört haben, da seine Entlassung 1914 durch die Kriegsereignisse kaum möglich war.

180 In Jüterbog befand sich das Lehrregiment der Fuß-Artillerie-Schießschule. An deren Absolvierung erinnert dieser Pfeifenkopf aus Porzellan. Nach 1900, H ca. 14 cm. ▷

181 2. Bayerisches Fuß-Artillerie-Regiment, 6. Companie, Metz 1907/09, Porzellan, H 31 cm. Die Seitenansicht dieses Kruges zeigt oben, wie ein Geschütz in Stellung gebracht wird. Auf der unteren Darstellung ist die Einheit in Feuerstellung gegangen.

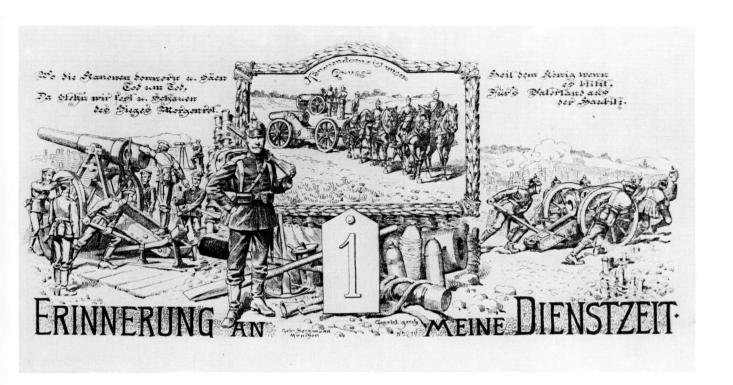

182 Vorlageblatt für Fuß-Artillerie-Krüge aus dem Vorlagebuch der Fa. Bergmann in München.

Pionier-Bataillone

◁ 183 Pionier-Bataillon 11, 4. Companie (Hessisches Pionier-Bataillon), Mainz 1899/1901, Porzellan, H 25 cm. Auf der Seitenszene dieses Kruges ist eine wichtige Aufgabe der Pioniere, der Brückenbau gezeigt.

184 Pionier-Bataillon 20, 3. Companie (2. Lothringisches Pionier-Bataillon), Metz 1904/06, Porzellan, H 30 cm. Äußerst seltener Krug eines Sanitätsgefreiten bei den Pionieren. Großes Rotkreuzwappen, im Hintergrund eine Ansicht von Metz. ▷

185 Pionier-Bataillon 21, 2. Companie (1. Nassauisches Pionier-Bataillon), Mainz 1903/05, Porzellan, H 31 cm. Symbole der Seefahrt stehen im Vordergrund dieses Kruges: Anker, Paddel und Enterhaken, aber auch typische Pioniergeräte wie Spaten und Hacke. ▷▷

Zu Seite 152/153:
186 Pionier-Bataillon 12, 2. Companie (1. Sächsisches Pionier-Bataillon), Dresden 1902/04, Porzellan, H 30 cm. Unter der Krone befindet sich die Achselklappe des Bataillons mit gekreuzter Hacke und Spaten, dem Symbol der Pioniere.

187 Pionier-Bataillon 14, 1. Companie (Badisches Pionier-Bataillon), Kehl 1899/1901, Porzellan, H 27 cm. Ziemlich selten findet man auf außerbayerischen Pionierkrügen Zinndeckel mit Prismenglaseinsatz.

188 Pionier-Bataillon 19, 3. Companie (2. Unterelsässisches Pionier-Bataillon), Straßburg 1904, Porzellan, H 28 cm. Während auf der Frontseite des Kruges eine Abschiedsszene dargestellt ist, zeigt das Seitenbild das Straßburger Münster.

189 2. Bayerisches Pionier-Bataillon, 2. Companie, Speyer 1903/05, Porzellan, H 23 cm. Die Ankersymbolik ist auf dem Krug ebenso zu finden wie beim (nicht sichtbaren) Daumendrücker. Zinndeckel mit Prismenglaseinsatz.

151

152

Train-Bataillone

◁ 190 Train-Bataillon 16, 1. Companie (Lothringisches Train-Bataillon), Forbach 1898, Porzellan, H 15 cm, ohne Deckel. Dieser Krug wurde von »Sergant August Bieske« zum Andenken an seinen Bruder Max geschenkt.

191 Train-Bataillon 7, 1. Companie (Westfälisches Train-Bataillon), Münster 1906/08, Porzellan, H 30 cm. Trainkrug mit Abschiedsszene im Vordergrund, darüber Reiter. Auf den Seiten vier gutgelungene Abschiedsdarstellungen. Auf dem Deckel Reiter mit gezogenem Säbel. ▷

192 1. Bayerisches Train-Bataillon, 3. Companie, München 1907/08, Porzellan, H 28 cm. Unterhalb des Hauptmotives, einem attackierenden Reiter, ist der Kruginhaber Franz Spitaler in einem Foto-Medaillon abgebildet. ▷▷

155

Eisenbahn-Regimenter

◁ 193 Eisenbahn-Regiment 1, 2. Companie, Berlin-Schöneberg nach 1900, Porzellan, H 28,5 cm. Häufig wurde auf Eisenbahnerkrügen ein Zug dargestellt, der eine Stahlbrücke überquert. Im Mittelpunkt befindet sich das geflügelte Bahnrad, auch manchmal als Symbol am Daumendrücker verwendet. Darunter stehen die Initialen »ER I« für das 1. Eisenbahn-Regiment sowie eine Schulterklappe der Einheit.

▷
194, 195 Zwei Vorlageblätter aus dem Vorlagebuch der Firma Bergmann, München:
Abb. 194 zeigt unten die Eisenbahnkaserne sowie die Überquerung der Isar auf einer Pionierbrücke durch einen Zug. Darüber eine Eisenbahn-Brückenkonstruktion.
Abb. 195 zeigt das Vorlageblatt für das 1. Bayerische Telegrafen-Bataillon. Oben die Darstellung der Münchner Telegrafenkaserne. Unten eine Abschiedsszene, ferner König Ludwig III. sowie eine Funkszene im Feld. Jeweils darüber ein Luftschiff.

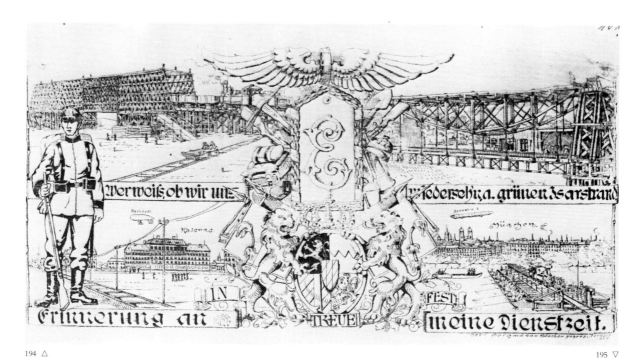

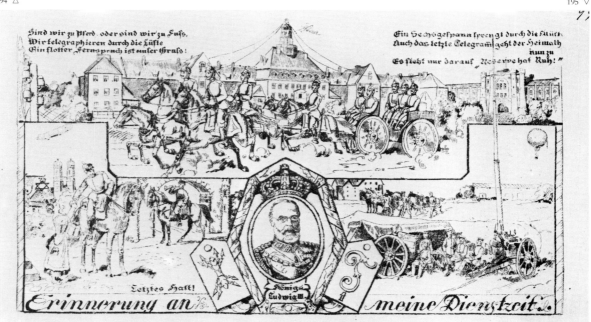

196–198 Bayerisches Eisenbahn-Bataillon, 1. Companie, München 1917/19, Steinzeug, H 22 cm. Während es in Bayern lediglich ein »Eisenbahn-Bataillon« gab, wurden die Eisenbahnverbände im übrigen Reichsgebiet meistens zu Regimentern zusammengefaßt. Ein Reservistenkrug aus dem Jahr 1919 stellt eine Seltenheit dar, da mit Ausbruch des Ersten Weltkrieges die Zeit der Reservistenkrüge zu Ende ging. Der Daumendrücker wurde als Eisenbahnrad gegossen; der Flachdeckel besitzt ein Eisenbahnrelief.

159

Luftschiffer-Abteilung

199 Halbliterkrug aus Steinzeug mit blauer Aufschrift »Feld-Luftschiffer-Abteilung 3«. Darüber die Jahreszahl »1914/15« sowie das Eiserne Kreuz. Der Zinndeckel hat einen Porzellaneinsatz mit dem Foto einer Dame. H ca. 14 cm.

200 Bayerische Luftschiffer-Abteilung, München 1896/98, Porzellan, H 23,5 cm. Dieser Krug entstammt nicht der angegebenen Zeit, da die Münchner Luftschiffer-Companie nicht vor 1900 aufgestellt wurde. Das erste (zivile) Luftschiff stieg erst am 2. Juli 1900 auf.

Marine-Einheiten

201–203 SMS »Rheinland«, 1908/11, Steingut, H 35 cm. Literkrug. Im Darstellungsmittelpunkt sieht man die »Rheinland«, während auf der Seitenszene ein nächtliches Seegefecht mit aufgeblendeten Suchstrahlern abgebildet ist. Da die »Rheinland« 1908 in Dienst genommen wurde, hat der Reservist Rast wahrscheinlich deren Jungfernfahrt miterlebt. Auf Marinekrügen ist häufig die Matrosenplastik im Henkel bemalt. Den Deckel ziert ein mittelalterlicher Schildträger.

163

204 SMS »Hessen«, Kiel 1911/14, Steingut, H 35 cm. Dieser hervorragende Literkrug zeigt die »Hessen«, ein Linienschiff der kaiserlichen Marine. Matrosen rahmen das Schiff ein. Unterhalb der Krone sieht man einen Seemann mit einem braunen Mädchen, eingerahmt von einem Rettungsring. Daneben die Reichskriegsflagge sowie die Reichsfarben. Unter der bekrönten Schraubdeckelhaube liegt ein Glasstein.

205, 206 SMS »Friedrich Carl«, 1910/13, Steingut, H 34 cm. Literkrug. Bei dem abgebildeten Kriegsschiff »Friedrich Carl« handelt es sich um einen leichten Kreuzer. Über dem Schiff weht die Reichskriegsflagge. Die Seitenszenen erlauben einen Blick in den Heizraum und zeigen Seeleute beim Feiern. Den Zinndeckel ziert ein fahnenhaltender Matrose. ▷

166

◁ ◁ *207 SMS »Undine«, 1910/13, Steingut, H 35 cm. Literkrug. Krugdeckel mit üblicher Darstellung. Interessant ist der hohe Zinndeckel, der ein Seegefecht in der Nähe einer Befestigung zeigt.*

◁ *208 1. Matrosendivision, 6. Companie, Kiel 1908/11, Steingut, H 35 cm. Literkrug. Um in der Breite mehr Platz für die Darstellung des Nachtangriffs zu erhalten, unterteilte man die Namenleiste in drei Reihen.*

209 Deckel von Abb. 208: Der ankerhaltende Matrose ist in abgewandelter Form auch auf Pionierkrügen zu finden.

210, 211 SMS »Westfalen«, Steingut, 1912/15, H ca. 36 cm. Krug des Reservisten Steinbrunner. Im Mittelpunkt ist die »Westfalen« abgebildet, umgeben von Marinesymbolen, wachestehenden und grüßenden Matrosen.

Gegenüberliegende Seite:
212 SMS »Hessen« und »Nassau«, nach 1900, Steingut, H 37,5 cm. Reich reliefierter Literkrug mit der Darstellung von zwei Kriegsschiffen, auf denen der Reservist im Laufe seiner Dienstzeit gefahren ist. Typischer hoher Marinedeckel.

213 SMS »Kaiser Wilhelm II.«, Kiel nach 1900, Porzellan, H 29 cm. Der ehemalige Besitzer dieses ziemlich kleinen Marinekruges diente in Kiel und anschließend auf dem Linienschiff »Kaiser Wilhelm II.«. Üblicher Marinedekor.

212

213

169

Österreichische Reservistenpfeifen

214 Von links nach rechts: Artilleristen-Pfeife des Heinrich Wertacnik vom Regiment 7, datiert 1905. Das Foto zeigt den Artilleristen zu Pferde vor einem Gebäude, möglicherweise der Kaserne. H ca. 15 cm.
Infanterie-Porzellanpfeife eines Angehörigen vom »Hoch- und Deutschmeister-Regiment«. H ca. 16 cm.
Artilleristen-Porzellanpfeife. Darstellung eines Soldaten, der auf einer Bank ein halbentkleidetes Mädchen streichelt. H ca. 16 cm.
Infanterie-Porzellanpfeife des Franz Weiss vom »Hoch- und Deutschmeister-Regiment«. Darstellung einer Wirtshausszene. Bemalter Pfeifensack, halbkugelförmiger Deckel. H ca. 17 cm.

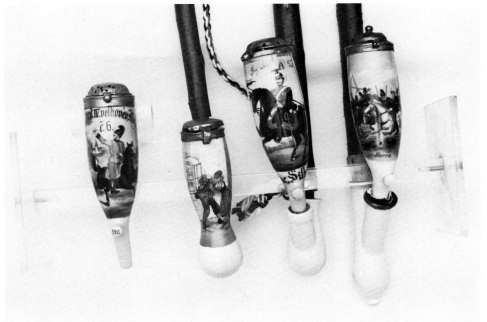

215 Von links nach rechts: Dragoner-Pfeifenkopf, Porzellan. Ehemals gehörig dem Jan Lukás vom 6. Regiment, datiert 1911. H ca. 15 cm
Infanterie-Porzellanpfeife. Soldat verabschiedet sich von einem Mädchen. Bei dieser Pfeife bilden Pfeifenkörper und -sack eine Einheit; glatter Deckel. H ca. 14 cm.
Kavalleristen-Pfeife. Kavallerist mit Lanze reitet über eine Wiese, darüber die Devise: »Sieg oder Tod«. Pfeifensack bemalt. H ca. 17 cm.
Dragoner-Porzellanpfeife. Prachtvoll ausgemalter Pfeifenkopf, Metalldeckel. H ca. 18 cm.

216 Von links nach rechts:
Infanterie-Porzellanpfeife mit der Darstellung eines Soldaten, der das Haus eines Mädchens betritt. Pfeifensack bemalt, glatter Deckel. H ca. 18 cm.
Kaiserschützen-Porzellanpfeife des Jacob Filip vom Regiment 3, datiert 1912. Darstellung einer Manöverszene. Bemalter Pfeifensack, gewölbter Metalldeckel. H ca. 17 cm.
Dragoner-Porzellanpfeife des Christian Bach vom Regiment 3, 5. Eskadron, 3. Zug »Albert, König von Sachsen«. Darstellung eines Fähnrichs der Dragoner, der verwundet neben seinem Pferd am Boden liegt. Ein Mädchen faßt an sein Herz. Im Vordergrund tote Krankenschwester. Datiert 1893. H ca. 17,5 cm.
Infanterie-Porzellanpfeife mit der Darstellung eines Soldaten mit seinem Mädchen im Wald. Datiert 1907. Bemalter Pfeifensack, verzierter Metalldeckel. H ca. 17,5 cm.

217 Von links nach rechts:
Artilleristen-Porzellanpfeife des Korporals Leopold Polt vom Regiment 14, datiert 1905. Porträtdeckel. H ca. 17 cm.
Dragoner-Porzellanpfeife des Anton Zahling vom 3. Regiment. Darstellung eines Dragoners. Datiert 1905/08. Bemalter Pfeifensack, ohne Deckel. H ca. 17,5 cm.
Infanterie-Porzellanpfeife des Engelbert Habesohn vom Regiment 49 »Freiherr von Hess«. Bemalter Pfeifensack, gewölbter Metalldeckel. H ca. 19 cm.
Infanterie-Porzellanpfeife des Kapellmeisters Josef Zester vom Regiment 95. Ovales Fotoporträt. H ca. 19 cm.

216 △

217 ▽

218 Dragoner-Regiment 24, 4. Eskadron »Kaiser Nikolaus von Rußland« (2. Hessisches Dragoner-Regiment), Darmstadt 1909, Porzellan, H 17 cm. Farbenprächtiger Dragoner-Pfeifenkopf mit reliefiertem Eichenlaub als Bildbegrenzung.

219 Husaren-Regiment 13, 2. Eskadron »König Humbert von Italien« (1. Hessisches Husaren-Regiment), Diedenhofen um 1908, Porzellan, H 16,5 cm. Typisch bedruckte und von Hand ausgemalte Husarenpfeife.

Anhang

Danksagung

Ohne die hilfsbereite und sachkundige Unterstützung von Museen, Sammlern und dem Fachhandel wäre diese Arbeit nicht zustande gekommen.

Deshalb gilt der Dank:

Frau *Dr. Thérèse Thomas,* Leiterin des Firmenarchivs und Museums Villeroy & Boch, Mettlach, für ihre Beratung im Bereich der Keramikerzeugung;

Herrn *Prof. Dr. Kohlmann* vom Berliner Museum für Deutsche Volkskunde für die großzügige Überlassung von Anschauungsmaterial;

Herrn *Dr. Schmidt,* Oberstleutnant und Museumsleiter des Wehrgeschichtlichen Museums Schloß Rastatt für seine weiterführenden Hinweise;

den Herren *Dr. Ernst Aichner* (Museumsleiter) und *Dr. Jürgen Kraus* vom Bayerischen Armeemuseum Ingolstadt für ihre Mitarbeit bei der Erschließung der bayerischen Reservistenkrüge;

dem Auktionshaus *Graf Klenau* oHG Nachf. / Hermann-Historica oHG München für die Bereitstellung wertvollen Bildmaterials;

sowie den Herren *Lonzen* und *Heucher,* Düsseldorf, der Militaria- und Kunsthandlung *Ulrich Schneider,* München, und Herrn *Günther J. Leipold,* München, für die Überlassung ihrer Objekte für den Bildteil.

Museen und Bibliotheken

Eine Auswahl an Museen und Bibliotheken, die über militärisches Brauchtum, Garnisonserinnerungen und Reservistenutensilien informieren:

Bundesrepublik Deutschland

5100 Aachen, Suermondt-Museum, Wilhelmstr. 18
5100 Aachen, Schule der Technischen Truppen I, Lützow-Kaserne
3548 Arolsen, Heimat- und Schloßmuseum, Schloß
1000 Berlin, Museum f. deutsche Volkskunde, Im Winkel 6/8
2880 Brake/Weser, Schiffahrtsmuseum der Oldenburgischen Weserhäfen, Mitteldeichstr. 36
3062 Bückeburg, Schaumburg-Lippisches Heimatmuseum, Lange Str. 22
4930 Detmold, Lippisches Landesmuseum, Ameide
8880 Dillingen/Donau, Museum des Historischen Vereins Dillingen, Lammstr. 14
4000 Düsseldorf, Stadtgeschichtliches Museum, Bäckerstr. 7–9
4000 Düsseldorf, Zentralbibliothek der Bundeswehr, Uerdinger Str. 50
7300 Esslingen, Stadtmuseum, Rathausplatz 1
8510 Fürth/Bayern, Stadtmuseum, Schloß Burgfarrnbach
3353 Bad Gandersheim, Heimatmuseum, Rathaus
3250 Hameln, Heimatmuseum, Osterstr. 9
3000 Hannover, Historisches Museum Am Hohen Ufer, Pferdestr. 6
3040 Harber bei Soltau, Deutsches Wehrmachtsmuseum, Hasenheide 3
6430 Bad Hersfeld, Städtisches Museum, Im Stift 6a
3520 Hofgeismar, Städtische Sammlungen für Heimatkunde, Rathaus
8451 Hohenburg, Kulturgeschichtliches Museum, Privatmuseum Friedrich Spörer
2071 Hoisdorf, Stormarnsches Heimatmuseum
8070 Igolstadt, Bayerisches Armeemuseum, Schloß, Paradeplatz 4
8300 Landshut, Stadt- und Kreismuseum, Altstadt 79
7140 Ludwigsburg, Heimatmuseum, Brenzstr. 21
3140 Lüneburg, Ostpreußisches Jagdmuseum, Altes Kaufhaus
6642 Mettlach, Keramik-Museum, Schloß Ziegelberg
4950 Minden, Mindener Museum für Geschichte, Landes- und Volkskunde, Ritterstr. 23–29
8732 Münnerstadt, Stadtmuseum, Deutschordensschloß
4743 Ostenfelde über Oelde, Kavalleriemuseum Vornholz
7550 Rastatt, Wehrgeschichtliches Museum (der Bundeswehr), Schloß
2380 Schleswig, Schleswig-Holsteinisches Landesmuseum, Schloß Gottorf
8720 Schweinfurt, Städtisches Museum, Martin-Luther-Platz
7000 Stuttgart, Württembergisches Landesmuseum, Schillerplatz
7910 Ulm/Donau, Museum der Stadt Ulm, Neue Straße 92–96
4750 Unna, Hellweg-Museum, Burgstr. 8
3090 Verden, Verdener Heimatmuseum, Große Fischerstr. 10
6368 Bad Vilbel, Brunnen- und Heimatmuseum
6330 Wetzlar, Städtisches Museum, Lottestr. 8–10
6520 Worms, Museum, Weckerlingplatz 7

Deutsche Demokratische Republik

8060 Dresden, Militärbibliothek der DDR, Dr.-Kurt-Fischer-Platz 3
7240 Grimma, Heimatmuseum, Paul-Gerhardt-Str. 43
8280 Großenhain, Kreismuseum, Kirchplatz 4
3000 Magdeburg, Kulturhistorisches Museum, Otto-von-Guericke-Str. 68–73
1500 Potsdam, Deutsches Armee-Museum, Marmor-Palais, Neuer Garten
1500 Potsdam, Institut für deutsche Militärgeschichte
1500 Potsdam, Deutsches Militärarchiv, Brauhausberg

Österreich

6010 Innsbruck, Berg-Isel-Museum der Tiroler Kaiserjäger
6010 Innsbruck, Kaiserschützenmuseum, Schloß Ambras
9010 Klagenfurt, Schausammlung, Sitz des Militärkommandanten
4010 Linz, Schloßmuseum des oberösterreichischen Landesmuseums, Tummelplatz 10
5010 Salzburg, Regimentsmuseum des ehemaligen Salzburger Hausregiments
        Erzherzog Rainer Nr. 59, Festung Hohensalzburg
3100 St. Pölten, Kaserne des Militärkommandos für Niederösterreich
4600 Wels, Stadtmuseum, Polheimer Str. 17

Übersicht über die Garnisonen und Uniformen der Streitkräfte des Deutschen Reiches

Die hier folgenden Tabellen (S. 177–208) mit Angaben über Truppenteile, Kopfbedeckung, Ärmelaufschläge, Schulterklappen usw. wurden mit freundlicher Genehmigung des Verlages Ullstein dem 1936 erschienenen Werk von Manfred Lezius »Das Ehrenkleid des Soldaten« entnommen. Lediglich die letzte Spalte »Besonderes« erfuhr eine Änderung, da dort statt der ursprünglich aufgeführten Uniformdetails jetzt die Standorte der betreffenden Einheiten und das Jahr ihrer Erstaufstellung angegeben wurden.

Infanterie: Rock stets dunkelblau, mit Ausnahme des Sächsischen Schützen-Regiments Nr. 108. Die Regimenter unterscheiden sich vor allem durch die Nummer bzw. den Namenszug auf den verschiedenfarbigen Schulterklappen und den Pattenvorstoß.

	Schulterklappen	Vorstoß		Schulterklappen	Vorstoß		Schulterklappen	Vorstoß
I. A.-K.	weiß	weiß	VIII. A.-K.	blau	—	XVI. A.-K.	gelb	gelb
II. A.-K.	weiß	—	IX. A.-K.	weiß	gelb	XVII. A.-K.	gelb	blau
III. A.-K.	rot	weiß	X. A.-K.	weiß	blau	XVIII. A.-K.	gelb	gelb
IV. A.-K.	rot	—	XI. A.-K.	rot	gelb	21. Division	blau	gelb
V. A.-K.	gelb	weiß	XIII. A.-K.	rot	blau	25. Division	verschiedenfarbig	—
VI. A.-K.	gelb	—	XIV. A.-K.	verschiedenfarbig	—	XX. A.-K.	hellblau	hellblau
VII. A.-K.	blau	weiß	XV. A.-K.	rot	blau	XXI. A.-K.	hellgrün	weiß

(A.-K. = *Armeekorps*)

Sachsen hatte zwei Armee-Korps, und zwar das XII. und XIX., Bayern hingegen drei, das I., II. und III. Kgl. Bayrische Armeekorps, so daß also die deutsche Armee vor dem Weltkriege 25 Armee-Korps (Garde, I.—XXI. und I.—III. bayr. A.-K.) zählte.
Bei den Königlich Sächsischen Infanterie-Regimentern waren die Schulterklappen von der Farbe des Rocktuches und mit roter Einfassung versehen. Eine solche lief auch längs des unteren und hinteren Randes der Waffenrockschöße. Diese waren auch kürzer als an den preußischen Röcken. Die Schoßtaschenleisten waren ferner gerade. Auf ihnen befanden sich je zwei Knöpfe, während die preußischen gezackt und mit je drei Knöpfen besetzt waren.

Kadettenhäuser	Armee-korps-Bereich	Knöpfe	Ärmelpatten		Schulter-klappen (ohne Abzeichen)
			Tuch	Vor-stoß	
München	I B	weiß	schw.	rot	rot
Dresden	XII	weiß	rot	—	Tuchfarbe mit rot. Einf. und Krone

Unteroffizierschulen und Unteroffiziervorschulen: Abzeichen ähnlich wie die Linien-Infanterie-Regimenter, jedoch mit folgenden Unterscheidungszeichen:

Unteroffizierschulen	Armee-korps-Bereich	Knöpfe bzw. Helm-beschlag	Ärmelpatten		Ärmel-auf-schläge	Schulter-klappen (ohne Abzeichen)
			Tuch	Vor-stoß		
Potsdam	G	gelb	dkl.-bl.	—	brdb.	weiß
Jülich	VIII	gelb	dkl.-bl.	—	brdb.	rot
Wetzlar	XVIII	gelb	dkl.-bl.	—	brdb.	gelb
Weißenfels	IV	gelb	dkl.-bl.	—	brdb.	hellblau
Ettlingen	XIV	gelb	dkl.-bl.	weiß	brdb.	weiß
Marienwerder	XVII	gelb	dkl.-bl.	weiß	brdb.	rot
Treptow a. R.	II	gelb	dkl.-bl.	weiß	brdb.	gelb
Fürstenfeldbruck	I B	gelb	hellbl.	—	brdb.	rot
Marienberg	XII	gelb	rot	—	schwed.	Tuchf. m. roter Einf.
Unteroffiziervorschulen						
Sigmaringen	XIV	gelb	dkl.-bl.	—	poln.	weiß
Annaburg	IV	gelb	dkl.-bl.	—	poln.	rot
Weilburg	XVIII	gelb	dkl.-bl.	—	poln.	gelb
Jülich	VIII	gelb	dkl.-bl.	—	poln.	hellblau
Wohlau	VI	weiß	dkl.-bl.	—	poln.	weiß
Bartenstein	I	weiß	dkl.-bl.	—	poln.	rot
Greifenberg i. Pomm.	II	weiß	dkl.-bl.	—	poln.	gelb
Marienberg	XII	gelb	dkl.-bl.	—	poln.	Tuchf. m. roter Einf.

Truppenteil	Armee-Korps	Kopfbedeckung	Knöpfe bzw. Helmbeschlag	Ärmelaufschläge	Ärmelpatten	Vorstoß der Ärmelpatten	Schulterklappen (über dem Namenszug stets eine Krone)	Garnisonen und Gründungsjahr
1. Garde-Rgt. zu Fuß	G		weiß	schwed.	—	—	weiß	Potsdam 1688
2. Garde-Rgt. zu Fuß	G	Helm m. weißem, bei den Füs.-Bat. mit schwarz. Haarbusch	gelb	schwed.	—	—	rot	Berlin 1813
3. Garde-Rgt. zu Fuß	G		gelb	schwed.	—	—	gelb	Berlin 1860
4. Garde-Rgt. zu Fuß	G		gelb	schwed.	—	—	blau	Berlin 1860
Garde-Füsilier-Rgt.	G	Helm mit schwarzem Haarbusch	weiß	schwed.	—	—	gelb	Berlin 1826
Kaiser Alexander Garde-Gren.-Rgt. 1	G		gelb	brdbg.	Tuchfarbe	—	weiß mit Namensz.	Berlin 1814
Kaiser Franz Garde-Gren.-Rgt. 2	G		gelb	brdbg.	Tuchfarbe	—	rot mit Namensz.	Berlin 1814
Königin Elisabeth Garde-Gren.-Rgt. 3	G	Helm m. weißem, bei den Füs.-Bat. mit schwarz. Haarbusch	gelb	brdbg.	Tuchfarbe	—	gelb mit Namensz.	Berlin/Charlottenburg 1860
Königin Augusta Garde-Gren.-Rgt. 4	G		gelb	brdbg.	Tuchfarbe	—	blau mit Namensz.	Berlin 1860
5. Garde-Rgt. zu Fuß	G		weiß	brdbg.	Tuchfarbe	—	weiß	Spandau 1897
Garde-Gren.-Rgt. 5	G		gelb	brdbg.	Tuchfarbe	—	weiß	Spandau 1897
Gren.-Rgt. Kronprinz (1. Ostpr.) Nr. 1	I		gelb	brdbg.	rot	weiß	weiß mit Namensz.	Königsberg 1655
Gren.-Rgt. König Friedrich Wilhelm IV. (1. Pomm.) Nr. 2	II		gelb	brdbg.	rot	—	weiß mit Namensz.	Stettin 1679
Gren.-Rgt. König Friedrich Wilhelm I. (2. Ostpr.) Nr. 3	I		gelb	brdbg.	rot	weiß	weiß mit Namensz.	Königsberg 1685
Gren.-Rgt. König Friedrich der Große (3. Ostpr.) Nr. 4	I	Helm mit schwarzem Haarbusch	gelb	brdbg.	rot	weiß	weiß mit Namensz.	Rastenberg 1626
Gren.-Rgt. König Friedrich I. (4. Ostpr.) Nr. 5	XVII		gelb	brdbg.	rot	blau	gelb mit Namensz.	Danzig 1689
Gren.-Rgt. Graf Kleist von Nollendorf (1. Westpr.) Nr. 6	V		gelb	brdbg.	rot	weiß	gelb	Posen 1772
Gren.-Rgt. König Wilhelm I. (2. Westpr.) Nr. 7	V		gelb	brdbg.	rot	weiß	gelb mit Namensz.	Liegnitz 1797
Leib-Gren.-Rgt. König Friedrich Wilhelm III. (1. Brandenb.) Nr. 8	III		gelb	brdbg.	rot	weiß	rot mit Namensz.	Frankfurt a. d. O. 1808

Truppenteil	Armee-Korps	Kopf-bedeckung	Knöpfe bzw. Helm-beschlag	Ärmel-aufschläge	Ärmel-patten	Vorstoß der Ärmel-patten	Schulter-klappen (über dem Namenszug stets eine Krone)	Garnisonen und Gründungsjahr
Colbergsches Gren.-Rgt. Graf Gneisenau (2. Pomm.) Nr. 9	II	Helm mit schwarzem Haarbusch	gelb	brdbg.	rot	—	weiß	Stargard i. P. 1808
Gren.-Rgt. König Friedrich Wilhelm II. (1. Schles.) Nr. 10	VI		gelb	brdbg.	rot	—	gelb mit Namensz.	Schweidnitz 1808
Gren.-Rgt. König Friedrich III. (2. Schles.) Nr. 11	VI		gelb	brdbg.	rot	—	gelb mit Namensz.	Breslau 1808
Gren.-Rgt. Prinz Carl von Preußen (2. Brandenb.) Nr. 12	III		gelb	brdbg.	rot	weiß	rot	Frankfurt a. d. O. 1813
Inf.-Rgt. Herwarth v. Bittenfeld (1. Westfäl.) Nr. 13	VII	Helm	gelb	brdbg.	rot	weiß	blau	Münster 1813
Inf.-Rgt. Graf Schwerin (3. Pomm.) Nr. 14	II	Helm	gelb	brdbg.	rot	—	weiß	Bromberg 1813
Inf.-Rgt. Prinz Friedrich der Niederlande (2. Westfäl.) Nr. 15	VII	Helm	gelb	brdbg.	rot	weiß	blau	Minden 1813
Inf.-Rgt. Freiherr v. Sparr (3. Westfäl.) Nr. 16	VII	Helm	gelb	brdbg.	rot	weiß	blau	Mühlheim und Stammheim 1813
Inf.-Rgt. Graf Barfuß (4. Westfäl.) Nr. 17	XXI	Helm	gelb	brdbg.	rot	weiß	hellgrün	Mörchingen 1813
Inf.-Rgt. v. Grolmann (1. Pos.) Nr. 18	XX	Helm	gelb	brdbg.	rot	hellblau	hellblau	Osterode 1813
Inf.-Rgt. v. Courbière (2. Pos.) Nr. 19	V	Helm	gelb	brdbg.	rot	weiß	gelb	Görlitz und Lauban 1813
Inf.-Rgt. Graf Tauentzien v. Wittenberg (3. Brandenb.) Nr. 20	III	Helm	gelb	brdbg.	rot	weiß	rot	Wittenberge 1813
Inf.-Rgt. v. Borcke (4. Pomm.) Nr. 21	XVII	Helm	gelb	brdbg.	rot	blau	gelb	Thorn 1813
Inf.-Rgt. Keith (1. Oberschles.) Nr. 22	VI	Helm	gelb	brdbg.	rot	—	gelb	Gleiwitz und Kattowitz 1813
Inf.-Rgt. v. Winterfeldt (2. Oberschles.) Nr. 23	VI	Helm	gelb	brdbg.	rot	—	gelb	Neisse 1813

Truppenteil	Armee-Korps	Kopf-bedeckung	Knöpfe bzw. Helm-beschlag	Ärmel-aufschläge	Ärmel-patten	Vor-stoß der Ärmel-patten	Schulter-klappen (Über dem Namenszug stets eine Krone)	Garnisonen und Gründungsjahr
Inf.-Rgt. Großherzog Friedrich Franz II. von Mecklbg.-Schw. (4. Brandb.) Nr. 24	III	Helm	gelb	brdbg.	rot	weiß	rot	Neuruppin 1813
Inf.-Rgt. v. Lützow (1. Rhein.) Nr. 25	VIII	Helm mit schwarzem Haarbusch	gelb	brdbg.	rot	—	blau	Aachen 1813
Inf.-Rgt. Fürst Leopold von Anhalt-Dessau (1. Magdeburg.) Nr. 26	IV	Helm	gelb	brdbg.	rot	—	rot	Magdeburg 1813
Inf.-Rgt. Prinz Louis Ferdinand von Preußen (2. Magdeb.) Nr. 27	IV	Helm	gelb	brdbg.	rot	—	rot	Halberstadt 1815
Inf.-Rgt. v. Goeben (2. Rhein.) Nr. 28	VIII	Helm	gelb	brdbg.	rot	—	blau	Ehrenbreitstein und Koblenz 1813
Inf.-Rgt. v. Horn (3. Rhein.) Nr. 29	VIII	Helm	gelb	brdbg.	rot	—	blau	Trier 1813
Inf.-Rgt. Graf Werder (4. Rhein.) Nr. 30	XVI	Helm	gelb	brdbg.	rot	gelb	gelb	Saarlouis 1812
Inf.-Rgt. Graf Bose (1. Thür.) Nr. 31	IX	Helm	gelb	brdbg.	rot	gelb	weiß	Altona 1812
2. Thür. Inf.-Rgt. Nr. 32	XI	Helm	gelb	brdbg.	rot	gelb	rot	Meiningen 1815
Füs.-Rgt. Graf Roon (Ostpr.) Nr. 33	I	Helm	gelb	brdbg.	rot	weiß	weiß	Gumbinnen 1749
Füs.-Rgt. Königin Victoria von Schweden (Pomm.) Nr. 34	II	Helm	gelb	brdbg.	rot	—	weiß mit Namensz.	Stettin und Swinemünde 1720
Füs.-Rgt. Prinz Heinrich von Preußen (Brandenb.) Nr. 35	III	Helm	gelb	brdbg.	rot	weiß	rot	Brandenburg 1815
Füs.-Rgt. Gen.-Feldm. Graf Blumenthal (Magdeb.) Nr. 36	IV	Helm	gelb	brdbg.	rot	—	rot	Halle und Bernburg 1815
Füs.-Rgt. v. Steinmetz (Westpr.) Nr. 37	V	Helm	gelb	brdbg.	rot	weiß	gelb	Krotoschin 1818
Füs.-Rgt. Gen.-Feldm. Graf Moltke (Schles.) Nr. 38	VI	Helm	gelb	brdbg.	rot	—	gelb	Glatz 1818

Truppenteil	Armee-Korps	Kopf-bedeckung	Knöpfe bzw. Helm-beschlag	Ärmel-aufschläge	Ärmel-patten	Vor-stoß der Ärmel-patten	Schulter-klappen (Über dem Namenszug stets eine Krone)	Garnisonen und Gründungsjahr
Niederrhein. Füs.-Rgt. Nr. 39	VII	Helm	gelb	brdbg.	rot	weiß	blau	Düsseldorf-Derendorf 1818
Füs.-Rgt. Fürst Karl Anton von Hohenzollern (Hohenzoll.) Nr. 40	XIV	Helm	gelb	brdbg.	rot	—	blau	Rastatt 1818
Inf.-Rgt. v. Boyen (5. Ostpr.) Nr. 41	I	Helm	gelb	brdbg.	rot	weiß	weiß	Tilsit und Memel 1860
Inf.-Rgt. Prinz Moritz von Anhalt-Dessau (5. Pomm.) Nr. 42	II	Helm	gelb	brdbg.	rot	—	weiß	Stralsund und Greifswald 1860
Inf.-Rgt. Herzog Karl von Mecklenburg-Strelitz (6. Ostpr.) Nr. 43	I	Helm	gelb	brdbg.	rot	weiß	weiß	Königsberg und Pillau 1860
Inf.-Rgt. Graf Dönhoff (7. Ostpr.) Nr. 44	I	Helm	gelb	brdbg.	rot	weiß	weiß	Goldap 1860
8. Ostpr. Inf.-Rgt. Nr. 45	I	Helm	gelb	brdbg.	rot	weiß	weiß	Insterburg und Trakhenen 1860
Inf.-Rgt. Graf Kirchbach (1. Niederschles.) Nr. 46	V	Helm	gelb	brdbg.	rot	weiß	gelb	Posen und Wreschen 1860
Inf.-Rgt. König Ludwig III. von Bayern (2. Niederschles.) Nr. 47	V	Helm	gelb	brdbg.	rot	weiß	gelb mit Namensz.	Posen und Schrimm 1860
Inf.-Rgt. von Stülpnagel (5. Brandenb.) Nr. 48	III	Helm	gelb	brdbg.	rot	weiß	rot	Küstrin 1860
6. Pomm. Inf.-Rgt. Nr. 49	II	Helm	gelb	brdbg.	rot	—	weiß	Gnesen 1860
3. Niederschles. Inf.-Rgt. Nr. 50	V	Helm	gelb	brdbg.	rot	weiß	gelb	Rawitsch und Lissa 1860
4. Niederschles. Inf.-Rgt. Nr. 51	VI	Helm	gelb	brdbg.	rot	—	gelb	Breslau 1860
Inf.-Rgt. von Alvensleben (6. Brandenb.) Nr. 52	III	Helm	gelb	brdbg.	rot	weiß	rot	Cottbus und Crossen 1860
5. Westfäl. Inf.-Rgt. Nr. 53	VII	Helm	gelb	brdbg.	rot	weiß	blau mit Krone	Köln-Deutz 1860
Inf.-Rgt. v. d. Goltz (7. Pomm.) Nr. 54	II	Helm	gelb	brdbg.	rot	—	weiß	Kolberg und Köslin 1860
Inf.-Rgt. Graf Bülow v. Dennewitz (6. Westf.) Nr. 55	VII	Helm	gelb	brdbg.	rot	weiß	blau	Detmold und Bielefeld 1860

Truppenteil	Armee-Korps	Kopf-be-deckung	Knöpfe bzw. Helm-be-schlag	Ärmel-auf-schläge	Ärmel-patten	Vor-stoß der Ärmel-patten	Schulter-klappen (Über dem Namenszug stets eine Krone)	Garnisonen und Gründungsjahr
Inf.-Rgt. Vogel v. Falcken-stein (7. Westfäl.) Nr. 56	VII	Helm	gelb	brdbg.	rot	weiß	blau	Wesel und Cleve 1860
Inf.-Rgt. Herzog Ferdinand von Braunschweig (8. Westfäl.) Nr. 57	VII	Helm	gelb	brdbg.	rot	weiß	blau	Wesel 1860
3. Pos. Inf.-Rgt. Nr. 58	V	Helm	gelb	brdbg.	rot	weiß	gelb	Glogau und Tranftadt 1860
Inf.-Rgt. Frhr. Hiller v. Gaertringen (4. Pos.) Nr. 59	XX	Helm	gelb	brdbg.	rot	hell-blau	hellblau	Deutsch-Eylau und Soldau 1860
Inf.-Rgt. Markgraf Karl (7. Brandenb. Nr. 60)	XXI	Helm	gelb	brdbg.	rot	weiß	hellgrün	Weißenburg 1860
Inf.-Rgt. v. d. Marwitz (8. Pomm.) Nr. 61	XVII	Helm	gelb	brdbg.	rot	blau	gelb	Thorn 1860
3. Oberschlef. Inf.-Rgt. Nr.62	VI	Helm	gelb	brdbg.	rot	—	gelb	Cosel und Ratibor 1860
4. Oberschlef. Inf.-Rgt. Nr. 63	VI	Helm	gelb	brdbg.	rot	—	gelb	Oppeln und Lublinitz 1860
Inf.-Rgt. Gen.-Feldm. Prinz Friedrich Karl von Preußen (8. Brandenb.) Nr. 64	III	Helm	gelb	brdbg.	rot	weiß	rot	Prenzlau und Angermünde 1860
5. Rhein. Inf.-Rgt. Nr. 65	VIII	Helm	gelb	brdbg.	rot	—	blau	Köln-Riehl 1860
3. Magdeb. Inf.-Rgt. Nr. 66	IV	Helm	gelb	brdbg.	rot	—	rot	Magdeburg 1860
4. Magdeb. Inf.-Rgt. Nr. 67	XVI	Helm	gelb	brdbg.	rot	gelb	gelb	Longeville 1860
6. Rhein. Inf.-Rgt. Nr. 68	VIII	Helm	gelb	brdbg.	rot	—	blau	Koblenz 1860
7. Rhein. Inf.-Rgt. Nr. 69	VIII	Helm	gelb	brdbg.	rot	—	blau	Trier 1860
8. Rhein. Inf.-Rgt. Nr. 70	XXI	Helm	gelb	brdbg.	rot	weiß	hellgrün	Saarbrücken 1860
3. Thür. Inf.-Rgt. Nr. 71	XI	Helm	gelb	brdbg.	rot	gelb	rot	Sondershausen 1860
4. Thür. Inf.-Rgt. Nr. 72	IV	Helm	gelb	brdbg.	rot	—	rot mit Namensz.	Torgau und Eilenburg 1860
Füs.-Rgt. Gen.-Feldm. Prinz Albrecht v. Preußen (Hann.) Nr. 73	X	Helm	gelb	brdbg.	rot	blau	weiß	Hannover 1803
1. Hann. Inf.-Rgt. Nr. 74	X	Helm	gelb	brdbg.	rot	blau	weiß	Hannover 1813
Inf.-Rgt. Bremen (1. Hanseat.) Nr. 75	IX	Helm	gelb	brdbg.	rot	gelb	weiß	Bremen und Stade 1866

Truppenteil	Armee-Korps	Kopf-bedeckung	Knöpfe bzw. Helm-beschlag	Ärmel-aufschläge	Ärmel-patten	Vor-stoß der Ärmel-patten	Schulter-klappen (Über dem Namenszug stets eine Krone)	Garnisonen und Gründungsjahr
Inf.-Rgt. Hamburg (2. Hanseat.) Nr. 76	IX	Helm	gelb	brdbg.	rot	gelb	weiß	Hamburg 1866
2. Hannov. Inf.-Rgt. Nr. 77	X	Helm	gelb	brdbg.	rot	blau	weiß	Celle 1813
Inf.-Rgt. Herzog Friedrich Wilhelm von Braunschweig (Ostfries.) Nr. 78	X	Helm	gelb	brdbg.	rot	blau	weiß	Osnabrück und Aurich 1813
Inf.-Rgt. v. Voigts-Rhetz (3. Hann.) Nr. 79	X	Helm	gelb	brdbg.	rot	blau	weiß	Hildesheim 1838
Füs.-Rgt. v. Gersdorff (Kurhess.) Nr. 80	XVIII	Helm mit schwarzem Haarbusch	gelb	brdbg.	rot	gelb	blau mit Namensz.	Wiesbaden und Bad Homburg 1813
Inf.-Rgt. Landgraf Friedrich I. von Hessen-Kassel (1. Kur-hess.) Nr. 81	XVIII	Helm	gelb	brdbg.	rot	gelb	blau	Frankfurt a. M. 1813
2. Kurhess. Inf.-Rgt. Nr. 82	XI	Helm	gelb	brdbg.	rot	gelb	rot	Göttingen 1813
Inf.-Rgt. v. Wittich (3. Kurhess.) Nr. 83	XI	Helm	gelb	brdbg.	rot	gelb	rot	Kassel und Arolsen 1813
Inf.-Rgt. v. Manstein (Schlesw.) Nr. 84	IX	Helm	gelb	brdbg.	rot	gelb	weiß	Schleswig und Hadersleben 1866
Inf.-Rgt. Herzog von Hol-stein (Holsteinisch.) Nr. 85	IX	Helm	gelb	brdbg.	rot	gelb	weiß	Rendsburg und Kiel 1866
Füs.-Rgt. Königin (Schlesw.-Holst.) Nr. 86	IX	Helm mit schwarzem Haarbusch	gelb	brdbg.	rot	gelb	weiß mit Namensz.	Flensburg und Sonderburg 1866
1. Nassauisches Inf.-Rgt. Nr. 87	XVIII	Helm	gelb	brdbg.	rot	gelb	blau	Mainz 1809
2. Nassauisches Inf.-Rgt. Nr. 88	XVIII	Helm	gelb	brdbg.	rot	gelb	blau mit Namensz.	Mainz und Hanau 1808
Großh.-Meckl. Gren.-Rgt. Nr. 89, I. u. III. Bat.	IX	Helm mit schwarzem Haarbusch	weiß Beschl. gelb	brdbg.	Tuchfarbe	rot	weiß mit Namensz.	Schwerin 1782
II. Bat.	IX	Helm mit weißem Haarbusch	gelb	brdbg.	Tuchfarbe	rot	rot mit Namensz.	Schwerin 1701
Großh.-Mecklenb. Füs.-Rgt. Nr. 90 Kaiser Wilhelm	IX	Helm	weiß Beschl. gelb	brdbg.	rot	gelb	weiß mit Namensz.	Rostock und Wismar 1788
Oldenb. Inf.-Rgt. Nr. 91	X	Helm mit schwarzem Haarbusch	gelb	brdbg.	rot	blau	weiß mit Namensz.	Oldenburg 1813

Truppenteil	Armee-Korps	Kopfbedeckung	Knöpfe bzw. Helmbeschlag	Ärmelaufschläge	Ärmelpatten	Vorstoß der Ärmelpatten	Schulterklappen (Über dem Namenszug stets eine Krone)	Garnisonen und Gründungsjahr
Braunschw. Inf.-Rgt. Nr. 92	X	Helm mit schwarzem Haarbusch	gelb	brdbg.	rot	blau	weiß mit Namensz.	Braunschweig 1809
Anhalt. Inf.-Rgt. Nr. 93	IV	Helm	gelb	brdbg.	rot	—	rot mit Namensz.	Dessau und Zerbst 1807
Inf.-Rgt. Großherzog von Sachsen (5. Thür.) Nr. 94	XI	Helm	gelb	brdbg.	rot	gelb	rot mit Namensz.	Weimar, Eisenach und Jena 1702
6. Thür. Inf.-Rgt. Nr. 95	XI	Helm	gelb	brdbg.	rot	gelb	rot mit Namensz.	Gotha, Hildburghausen und Coburg 1807
7. Thür. Inf.-Rgt. Nr. 96	XI	Helm	gelb	brdbg.	rot	gelb	rot	Gera und Rudolstadt 1867
1. Oberrhein. Inf.-Rgt. Nr. 97	XXI	Helm	gelb	brdbg.	rot	weiß	hellgrün	Saarburg 1881
Metzer Inf.-Rgt. Nr. 98	XVI	Helm	gelb	brdbg.	rot	gelb	gelb	Metz 1881
2. Oberrhein. Inf.-Rgt. Nr. 99	XV	Helm	gelb	brdbg.	rot	blau	rot	Zabern und Pfalzburg 1881
Kgl. Sächs. 1. (Leib-) Gren.-Rgt. Nr. 100	XII	Helm mit schwarzem Haarbusch	weiß	schwed.	—	—	Tuchfarbe Namensz.	Dresden 1670
Kgl. Sächs. 2. Gren.-Rgt. Nr. 101 Kaiser Wilhelm König von Preußen	XII	Helm mit schwarzem Haarbusch	gelb	schwed.	—	—	Tuchfarbe Namensz.	Dresden 1670
Kgl. Sächs. 3. Inf.-Rgt. Nr. 102 König Ludwig III. von Bayern	XII	Helm	gelb	schwed.	—	—	Tuchfarbe	Zittau 1709
Kgl. Sächs. 4. Inf.-Rgt. Nr. 103	XII	Helm	gelb	schwed.	—	—	Tuchfarbe	Bautzen 1709
Kgl. Sächs. 5. Inf.-Rgt. Kronprinz Nr. 104	XIX	Helm	gelb	schwed.	—	—	Tuchfarbe Namensz.	Chemnitz 1701
Kgl. Sächs. 6. Inf.-Rgt. Nr. 105 König Wilhelm II. von Württemberg	XV	Helm	gelb	schwed.	—	—	Tuchfarbe	Straßburg 1701
Kgl. Sächs. 7. Inf.-Rgt. König Georg Nr. 106	XIX	Helm	gelb	schwed.	—	—	Tuchfarbe Namensz.	Leipzig 1708
Kgl. Sächs. 8. Inf.-Rgt. Prinz Georg Nr. 107	XIX	Helm	gelb	schwed.	—	—	Tuchfarbe	Leipzig 1708
Kgl. Sächs. Schützen- (Füs.-) Rgt. Prinz Georg Nr. 108	XII	Tschako m. schw. Haarbusch	gelb	schwed.	—	—	Tuchfarbe m. Horn	Dresden 1809
1. Bad. Leib-Gren.-Rgt. Nr. 109	XIV	Helm m. weißem bzw. schwarz. Haarb.	weiß	schwed.	—	—	weiß mit Krone	Karlsruhe 1803

Truppenteil	Armee-Korps	Kopf-bedeckung	Knöpfe bzw. Helm-beschlag	Ärmel-aufschläge	Ärmel-patten	Vorstoß der Ärmel-patten	Schulter-klappen (Über dem Namenszug stets eine Krone)	Garnisonen und Gründungsjahr
2. Bad. Gren.-Rgt. Kaiser Wilhelm I. Nr. 110	XIV	Helm mit weißem bzw. schwarzem Haarbusch	gelb	brdbg.	rot	—	weiß mit Namensz.	Mannheim und Heidelberg 1852
Inf.-Rgt. Markgraf Ludwig Wilhelm (3. Bad.) Nr. 111	XIV	Helm	gelb	brdbg.	rot	—	rot mit Namensz.	Rastatt 1852
4. Bad. Inf.-Rgt. Prinz Wilhelm Nr. 112	XIV	Helm	gelb	brdbg.	rot	—	gelb	Mühlhausen 1852
5. Bad. Inf.-Rgt. Nr. 113	XIV	Helm	gelb	brdbg.	rot	—	blau	Freiburg 1861
6. Bad. Inf.-Rgt. Kaiser Friedrich III. Nr. 114	XIV	Helm	gelb	brdbg.	rot	—	grün mit Namensz.	Konstanz 1867
Leibgarde-Inf.-Rgt. (1. Großh.-Hess.) Nr. 115	XVIII	Helm m. schwarzem Haarbusch	weiß	brdbg.	rot	—	rot mit Namensz.	Darmstadt 1621
Inf.-Rgt. Kaiser Wilhelm (2. Großh.-Hess.) Nr. 116	XVIII	Helm mit schwarzem Haarbusch	weiß Beschl. gelb	brdbg.	weiß	—	weiß mit Namensz.	Gießen 1813
Inf.-Leib-Rgt. Großherzogin (3. Großh.-Hess.) Nr. 117	XVIII	Helm mit schwarzem Haarbusch	weiß Beschl. gelb	brdbg.	blau	—	blau mit Namensz.	Mainz 1697
Inf.-Rgt. Prinz Carl (4. Großh.-Hess.) Nr. 118	XVIII	Helm	weiß Beschl. gelb	brdbg.	gelb	—	gelb	Worms 1791
Gren.-Rgt. Königin Olga (1. Württ.) Nr. 119	XIII	Helm mit weißem Haarbusch	gelb Beschl. weiß	schwed.	—	—	rot mit Namensz.	Stuttgart 1673
Inf.-Rgt. Kaiser Wilhelm, König von Preußen (2. Württ.) Nr. 120	XIII	Helm mit schwarzem Haarbusch	gelb	brdbg.	rot	blau	rot mit Namensz.	Ulm 1673
Inf.-Rgt. Alt-Württemberg (3. Württ.) Nr. 121	XIII	Helm	gelb	brdbg.	rot	blau	rot	Ludwigsburg 1716
Füs.-Rgt. Kaiser Franz Joseph von Österreich, König von Ungarn (4. Württ.) Nr. 122	XIII	Helm	gelb	brdbg.	rot	blau	rot	Heilbronn und Bad Mergentheim 1806
Gren.-Rgt. König Karl (5. Württ.) Nr. 123	XIII	Helm mit schwarzem Haarbusch	gelb Beschl. weiß	schwed.	—	—	rot mit Namensz.	Ulm 1799

Truppenteil	Armee-Korps	Kopf-bedeckung	Knöpfe bzw. Helm-beschlag	Ärmel-aufschläge	Ärmel-patten	Vor-stoß der Ärmel-patten	Schulter-klappen (Über dem Namenszug stets eine Krone)	Garnisonen und Gründungsjahr
Inf.-Rgt. König Wilhelm I. (6. Württ.) Nr. 124	XIII	Helm	gelb	brdbg.	rot	blau	rot mit Namensz.	Weingarten 1673
Inf.-Rgt. Kaiser Friedrich, König von Preußen (7. Württ.) Nr. 125	XIII	Helm	gelb	brdbg.	rot	blau	rot mit Namensz.	Stuttgart 1809
8. Württ. Inf.-Rgt. Nr. 126 Großherzog Friedrich von Baden	XV	Helm	gelb	brdbg.	rot	blau	rot	Straßburg 1716
9. Württ. Inf.-Rgt. Nr. 127	XIII	Helm	gelb	brdbg.	rot	blau	rot	Ulm 1897
Danziger Inf.-Rgt. Nr. 128	XVII	Helm	gelb	brdbg.	rot	blau	gelb	Danzig 1881
3. Westpr. Inf.-Rgt. Nr. 129	XVII	Helm	gelb	brdbg.	rot	blau	gelb	Graudenz 1881
1. Lothring. Inf.-Rgt. Nr. 130	XVI	Helm	gelb	brdbg.	rot	gelb	gelb	Metz 1881
2. Lothring. Inf.-Rgt. Nr. 131	XXI	Helm	gelb	brdbg.	rot	weiß	hellgrün	Mörchingen 1881
1. Unter-Elsäss. Inf.-Rgt. Nr. 132	XV	Helm	gelb	brdbg.	rot	blau	rot	Straßburg 1881
Kgl. Sächs. 9. Inf.-Rgt. Nr. 133	XIX	Helm	gelb	schwed.	—	—	Tuchfarbe	Zwickau 1881
Kgl. Sächs. 10. Inf.-Rgt. Nr. 134	XIX	Helm	gelb	schwed.	—	—	Tuchfarbe	Plauen 1881
3. Lothring. Inf.-Rgt. Nr. 135	XVI	Helm	gelb	brdbg.	rot	gelb	gelb	Diedenhofen und Niederjeutz 1887
4. Lothring. Inf.-Rgt. Nr. 136	XV	Helm	gelb	brdbg.	rot	blau	rot	Straßburg 1887
2. Unter-Elsäss. Inf.-Rgt. Nr. 137	XXI	Helm	gelb	brdbg.	rot	weiß	hellgrün	Hagenau 1887
3. Unter-Elsäss. Inf.-Rgt. Nr. 138	XXI	Helm	gelb	brdbg.	rot	weiß	hellgrün	Dieuze 1887
Kgl. Sächs. 11. Inf.-Rgt. Nr. 139	XIX	Helm	gelb	schwed.	—	—	Tuchfarbe	Döbeln 1887
4. Westpr. Inf.-Rgt. Nr. 140	II	Helm	gelb	brdbg.	rot	—	weiß	Hohensalza 1880
Kulmer Inf.-Rgt. Nr. 141	XVII	Helm	gelb	brdbg.	rot	blau	gelb	Graudenz und Straßburg/Westpreußen 1890
7. Bad. Inf.-Rgt. Nr. 142	XIV	Helm	gelb	brdbg.	rot	—	gelb	Mühlhausen und Mülheim 1890

Truppenteil	Armee-Korps	Kopf-be-deckung	Knöpfe bzw. Helm-be-schlag	Ärmel-aufschläge	Ärmel-patten	Vor-stoß der Ärmel-patten	Schulter-klappen (Über dem Namenszug stets eine Krone)	Garnisonen und Gründungsjahr
4. Unter-Elsäss. Inf.-Rgt. Nr. 143	XV	Helm	gelb	brdbg.	rot	blau	rot	Straßburg und Mutzig 1890
5. Lothring. Inf.-Rgt. Nr. 144	XVI	Helm	gelb	brdbg.	rot	gelb	gelb	Metz 1890
Königs-Inf.-Rgt. (6. Lothr.) Nr. 145	XVI	Helm mit schwarzem Haarbusch	gelb	brdbg.	rot	gelb	blau mit Namensz.	Metz-Montigny 1890
1. Masur. Inf.-Rgt. Nr. 146	XX	Helm	gelb	brdbg.	weiß	hellblau	hellblau	Allenstein 1897
2. Masur. Inf.-Rgt. Nr. 147	XX	Helm	gelb	brdbg.	rot	hellblau	hellblau	Lyck und Lötzen 1897
5. Westpr. Inf.-Rgt. Nr. 148	XX	Helm	gelb	brdbg.	weiß	hellblau	hellblau	Bromberg und Braunsberg 1897
6. Westpr. Inf.-Rgt. Nr. 149	II	Helm	gelb	brdbg.	rot	—	weiß	Schneidemühl 1897
1. Ermländ. Inf.-Rgt. Nr. 150	XX	Helm	gelb	brdbg.	gelb	hellblau	hellblau	Allenstein 1897
2. Ermländ. Inf.-Rgt. Nr. 151	XX	Helm	gelb	brdbg.	blau	—	hellblau	Sensburg und Bischofsburg 1897
Deutsch-Ordens-Inf.-Rgt. Nr. 152	XX	Helm	gelb	brdbg.	weiß	hellblau	hellblau	Marienburg und Stuhm 1897
8. Thür. Inf.-Rgt. Nr. 153	IV	Helm	gelb	brdbg.	rot	—	rot mit Namensz.	Altenburg und Merseburg 1807
5. Niederschles. Inf.-Rgt. Nr. 154	V	Helm	gelb	brdbg.	weiß	—	gelb	Jauer und Striegau 1897
7. Westpr. Inf.-Rgt. Nr. 155	V	Helm	gelb	brdbg.	rot	weiß	gelb	Ostrau und Pleschen 1897
3. Schles. Inf.-Rgt. Nr. 156	VI	Helm	gelb	brdbg.	weiß	—	gelb	Beuthen und Tarnowitz 1897
4. Schles. Inf.-Rgt. Nr. 157	VI	Helm	gelb	brdbg.	rot	—	gelb	Brieg 1897
7. Lothr. Inf.-Rgt. Nr. 158	VII	Helm	gelb	brdbg.	weiß	—	blau	Paderborn und Sennelager 1897
8. Lothr. Inf.-Rgt. Nr. 159	VII	Helm	gelb	brdbg.	rot	weiß	blau	Mülheim und Geldern 1897
9. Rhein. Inf.-Rgt. Nr. 160	VIII	Helm	gelb	brdbg.	weiß	—	blau	Bonn, Diez und Friedrichsfeld 1897
10. Rhein. Inf.-Rgt. Nr. 161	VIII	Helm	gelb	brdbg.	rot	—	blau	Trier und Köln 1897
Inf.-Rgt. Lübeck (3. Hanseat.) Nr. 162	IX	Helm	gelb	brdbg.	weiß	gelb	weiß	Lübeck und Cutin 1897
Schlesw.-Holst. Inf.-Rgt. Nr. 163	IX	Helm	gelb	brdbg.	rot	gelb	weiß	Neumünster und Lockstedt 1897
4. Hannov. Inf.-Rgt. Nr. 164	X	Helm	gelb	brdbg.	weiß	blau	weiß	Hameln und Holzminden 1813

Truppenteil	Armee-Korps	Kopfbedeckung	Knöpfe bzw. Helmbeschlag	Ärmelaufschläge	Ärmelpatten	Vorstoß der Ärmelpatten	Schulterklappen (Über dem Namenszug stets eine Krone)	Garnisonen und Gründungsjahr
5. Hann. Inf.-Rgt. Nr. 165	IV	Helm	gelb	brdbg.	rot		rot	Quedlinburg und Blankenburg 1813
Inf.-Rgt. Hessen-Homburg Nr. 166	XXI	Helm	gelb	brdbg.	weiß		hellgrün	Bitsch 1897
1. Ober-Elsäss. Inf.-Rgt. Nr. 167	XI	Helm	gelb	brdbg.	rot	gelb	rot	Kassel und Mühlhausen 1897
5. Großh. Hess. Inf.-Rgt. Nr. 168	XVIII	Helm	weiß Beschl. gelb	brdbg.	rot		rot	Butzbach, Offenbach und Friedberg 1897
8. Bad. Inf.-Rgt. Nr. 169	XIV	Helm	gelb	brdbg.	rot		rot	Lahr und Villingen 1897
9. Bad. Inf.-Rgt. Nr. 170	XIV	Helm	gelb	brdbg.	rot		blau	Offenburg und Donaueschingen 1897
2. Ober-Elsäss. Inf.-Rgt. Nr. 171	XV	Helm	gelb	brdbg.	weiß	blau	rot	Kolmar 1897
3. Ober-Elsäss. Inf.-Rgt. Nr. 172	XV	Helm	gelb	brdbg.	rot	blau	rot	Neubreisach 1897
9. Lothring. Inf.-Rgt. Nr. 173	XVI	Helm	gelb	brdbg.	weiß	gelb	gelb	St. Arold und Metz 1897
10. Lothring. Inf.-Rgt. Nr. 174	XXI	Helm	gelb	brdbg.	rot	weiß	hellgrün	Forbach und Straßburg 1897
8. Westpr. Inf.-Rgt. Nr. 175	XVII	Helm	gelb	brdbg.	weiß	blau	gelb	Graudenz 1897
9. Westpr. Inf.-Rgt. Nr. 176	XVII	Helm	gelb	brdbg.	rot	blau	gelb	Thorn 1897
Kgl. Sächs. 12. Inf.-Rgt. Nr. 177	XII	Helm	gelb	schwed.	—	—	Tuchfarbe	Dresden und Königsbrück 1897
Kgl. Sächs. 13. Inf.-Rgt. Nr. 178	XII	Helm	gelb	schwed.	—	—	Tuchfarbe	Kamenz 1897
Kgl. Sächs. 14. Inf.-Rgt. Nr. 179	XIX	Helm	gelb	schwed.	—	—	Tuchfarbe	Leipzig und Wurzen 1897
10. Württemb. Inf.-Rgt. Nr. 180	XIII	Helm	gelb	brdbg.	rot	blau	rot	Tübingen und Schwäbisch Gmünd 1897
Kgl. Sächs. 15. Inf.-Rgt. Nr. 181	XIX	Helm	gelb	schwed.	—	—	Tuchfarbe	Chemnitz und Zwickau 1900
Kgl. Sächs. 16. Inf.-Rgt. Nr. 182	XII	Helm	gelb	schwed.	—	—	Tuchfarbe	Freiburg und Königsbrück 1912
Kgl. Bayr. Inf.-Leib-Rgt.	I B	Helm	weiß	schwed.	—	—	rot mit Krone	München 1814
Kgl. Bayr. 1. Inf.-Rgt. König	I B	Helm	gelb	brdbg.	rot	weiß	rot mit Namensz.	München 1778
Kgl. Bayr. 2. Inf.-Rgt. Kronprinz	I B	Helm	gelb	brdbg.	rot	weiß	rot mit Namensz.	München 1682

Truppenteil	Armee-Korps	Kopfbedeckung	Knöpfe bzw. Helmbeschlag	Ärmelaufschläge	Ärmelpatten	Vorstoß der Ärmelpatten	Schulterklappen (über dem Namenszug stets eine Krone)	Garnisonen und Gründungsjahr
Kgl. Bayr. 3. Inf.-Rgt. Prinz Karl von Bayern	I B	Helm	gelb	brdbg.	rot	weiß	rot mit Namensz.	Augsburg 1698
Kgl. Bayr. 4. Inf.-Rgt. König Wilhelm von Württbg.	II B	Helm	gelb	brdbg.	rot	—	rot	Metz 1706
Kgl. Bayr. 5. Inf.-Rgt. Großh. Ernst Ludwig von Hessen	II B	Helm	gelb	brdbg.	rot	—	rot	Bamberg 1722
Kgl. Bayr. 6. Inf.-Rgt. Kaiser Wilhelm, König v. Preußen	III B	Helm	gelb	brdbg.	rot	gelb	rot mit Namensz.	Amberg 1725
Kgl. Bayr. 7. Inf.-Rgt. Prinz Leopold	III B	Helm	gelb	brdbg.	rot	gelb	rot	Bayreuth 1732
Kgl. Bayr. 8. Inf.-Rgt. Großherzog Friedr. II. v. Baden	II B	Helm	gelb	brdbg.	rot	—	rot	Metz 1753
Kgl. Bayr. 9. Inf.-Rgt. Wrede	II B	Helm	gelb	brdbg.	rot	—	rot	Würzburg 1803
Kgl. Bayr. 10. Inf.-Rgt. König	III B	Helm	gelb	brdbg.	rot	gelb	rot mit Namensz.	Ingolstadt 1682
Kgl. Bayr. 11. Inf.-Rgt. v. d. Tann	III B	Helm	gelb	brdbg.	rot	gelb	rot	Regensburg 1805
Kgl. Bayr. 12. Inf.-Rgt. Prinz Arnulf	I B	Helm	gelb	brdbg.	rot	weiß	rot	Neu-Ulm 1814
Kgl. Bayr. 13. Inf.-Rgt. Franz Joseph I., Kaiser von Österreich u. Apostol. König von Ungarn	III B	Helm	gelb	brdbg.	rot	gelb	rot	Eichstätt 1806
Kgl. Bayr. 14. Inf.-Rgt. Hartmann	III B	Helm	gelb	brdbg.	rot	gelb	rot	Nürnberg 1814
Kgl. Bayr. 15. Inf.-Rgt. König Friedrich August von Sachsen	I B	Helm	gelb	brdbg.	rot	weiß	rot	Neuburg a. d. Donau 1722
Kgl. Bayr. 16. Inf.-Rgt. Großherzog Ferdinand von Toskana	I B	Helm	gelb	brdbg.	rot	weiß	rot	Passau und Landshut 1878
Kgl. Bayr. 17. Inf.-Rgt. Orff	II B	Helm	gelb	brdbg.	rot	—	rot	Germersheim 1878

Truppenteil	Armee-Korps	Kopfbedeckung	Knöpfe bzw. Helmbeschlag	Ärmelaufschläge	Ärmelpatten	Vorstoß der Ärmelpatten	Schulterklappen (Über dem Namenszug stets eine Krone)	Garnisonen und Gründungsjahr
Kgl. Bayr. 18. Inf.-Rgt. Prinz Ludwig Ferdinand	II B	Helm	gelb	brdbg.	rot	—	rot	Landau 1881
Kgl. Bayr. 19. Inf.-Rgt. König Victor Emanuel III. von Italien	III B	Helm	gelb	brdbg.	rot	gelb	rot	Erlangen 1890
Kgl. Bayr. 20. Inf.-Rgt. Prinz Franz	I B	Helm	gelb	brdbg.	rot	weiß	rot	Lindau und Kempten 1897
Kgl. Bayr. 21. Inf.-Rgt. Großherzog Friedrich Franz IV. von Mecklenburg-Schwerin	III B	Helm	gelb	brdbg.	rot	gelb	rot	Furth und Sulzbach 1897
Kgl. Bayr. 22. Inf.-Rgt. Fürst Wilhelm von Hohenzollern	II B	Helm	gelb	brdbg.	rot	—	rot	Zweibrücken 1897
Kgl. Bayr. 23. Inf.-Rgt.	II B	Helm	gelb	brdbg.	rot	—	rot	Landau, Germersheim und Lechfeld 1897
Garde-Jäger-Bat.	G	Tschako m. schwarzem Haarbusch	gelb	schwed.	—	—	rot	Potsdam 1744
Garde-Schützen-Bat.	G	Tschako m. schwarzem Haarbusch	gelb	brdbg.	Tuchfarbe	—	rot	Berlin-Lichterfelde 1814
Jäger-Bat. York v. Wartenburg (Ostpr.) Nr. 1	XX	Tschako m. schwarzem Haarbusch	gelb	schwed.	—	—	rot	Ortelsburg 1744
Jäger-Bat. Fürst Bismarck (Pomm.) Nr. 2	XVII	Tschako m. schwarzem Haarbusch	gelb	schwed.	—	—	rot	Kulm 1744
Brandenb. Jäg.-Bat. Nr. 3	III	Tschako m. schwarzem Haarbusch	gelb	schwed.	—	—	rot	Lübben 1815
Magdeb. Jäger-Bat. Nr. 4	IV	Tschako m. schwarzem Haarbusch	gelb	schwed.	—	—	rot	Naumburg 1815
Jäger-Bat. v. Neumann (1. Schles.) Nr. 5	V	Tschako m. schwarzem Haarbusch	gelb	schwed.	—	—	rot	Hirschberg 1808
2. Schles. Jäg.-Bat. Nr. 6	VI	Tschako m. schwarzem Haarbusch	gelb	schwed.	—	—	rot	Öls 1809
Westf. Jäger-Bat. Nr. 7	VII	Tschako m. schwarzem Haarbusch	gelb	schwed.	—	—	rot	Bückeburg 1815
Rhein. Jäger-Bat. Nr. 8	XV	Tschako m. schwarzem Haarbusch	gelb	schwed.	—	—	rot	Schlettstadt 1815
Lauenb. Jäger-Bat. Nr. 9	IX	Tschako m. schwarzem Haarbusch	gelb	schwed.	—	—	rot	Ratzeburg 1866
Hann. Jäger-Bat. Nr. 10	X	Tschako m. schwarzem Haarbusch	gelb	schwed.	—	—	rot	Goslar 1803

Truppenteil	Armee-Korps	Kopfbedeckung	Knöpfe bzw. Helmbeschlag	Ärmelaufschläge	Ärmelpatten	Vorstoß der Ärmelpatten	Schulterklappen (Über dem Namenszug stets eine Krone)	Garnisonen und Gründungsjahr
Kurheff. Jäger-Bat. Nr. 11	XI	Tschako m. schwarzem Haarbusch	gelb	schwed.	—	—	rot mit Namensz.	Marburg 1813
Kgl. Sächs. 1. Jäger-Bat. Nr. 12	XII	Tschako m. schwarzem Haarbusch	weiß	schwed.	—	—	Tuchfarbe mit Horn	Freiberg 1809
Kgl. Sächs. 2. Jäger-Bat. Nr. 13	XII	Tschako m. schwarzem Haarbusch	weiß	schwed.	—	—	Tuchfarbe mit Horn	Dresden 1809
Großh.-Mecklenb. Jäg.-Bat. Nr. 14	XV	Tschako m. schwarzem Haarbusch	weiß	schwed.	—	—	hellgrün	Kolmar 1821
Kgl. Bayr. 1. Jäger-Bat. König	I B	Tschako	gelb	schwed.	—	—	hellgrün	Freising 1815
Kgl. Bayr. 2. Jäg.-Bat.	II B	Tschako	gelb	schwed.	—	—	hellgrün	Aschaffenburg 1753
Garde-Maschinengewehr-Abt. 1	G	Tschako m. weißem Haarbusch	gelb	schwed.	—	—	rot	Potsdam 1901
Garde-Maschinengewehr-Abt. 2	G	Tschako m. weißem Haarbusch	gelb	brdbg.	Tuchf.	rot	rot	Berlin 1902
Maschinengewehr-Abt. 1	VI	Tschako m. schwarzem Haarbusch	gelb	schwed.	—	—	rot	Breslau 1902
Maschinengewehr-Abt. 2	VIII	Tschako m. schwarzem Haarbusch	gelb	schwed.	—	—	rot	Trier 1901
Maschinengewehr-Abt. 3	XXI	Tschako m. schwarzem Haarbusch	gelb	schwed.	—	—	rot	Saarburg 1902
Maschinengewehr-Abt. 4	XVII	Tschako m. schwarzem Haarbusch	gelb	schwed.	—	—	rot	Thorn 1901
Maschinengewehr-Abt. 5	I	Tschako m. schwarzem Haarbusch	gelb	schwed.	—	—	rot	Insterburg 1902
Maschinengewehr-Abt. 6	XVI	Tschako m. schwarzem Haarbusch	gelb	schwed.	—	—	rot	Metz 1906
Maschinengewehr-Abt. 7	VII	Tschako m. schwarzem Haarbusch	gelb	schwed.	—	—	rot	Paderborn 1902
Kgl. Sächs. Msch.-Gew.-Abt. 8	XIX	Tschako m. schwarzem Haarbusch	gelb	schwed.	—	—	rot	Leipzig-Gohlin 1903
Kgl. Bayr. Masch.-Gew.-Abt.	I B	Tschako	gelb	schwed.	—	—	rot	Landau 1902

Kavallerie: 1. Kürassiere: Koller und Mütze weiß, Waffenrock blau, Ärmelaufschläge schwedisch, Achselklappen ohne Nummer weiß mit Einfassung in Abzeichenfarbe, Garde du Corps, Garde-Kürassiere und 6. Kürassiere Helm von Tombak, die übrigen Regimenter weißer Stahlhelm. Säbelkoppel und Bandelier weiß. Zur Parade Küraß, dieser gelb bei Garde du Corps und Garde-Kürassiere, aus Stahl bei den übrigen Regimentern. Nur Offiziere und Unteroffiziere der 2. und 6. Kürassiere trugen ebenfalls gelbe Küraße. Garde du Corps hatte außerdem zur Parade schwarze Küraße

Truppenteil	Armee-Korps	Abzeichen-Farbe	Knöpfe etc.	Garnisonen und Gründungsjahr
Regiment der Gardes du Corps	G.	rot	weiß	Potsdam 1740
Garde-Kürassier-Rgt.	G.	blau	weiß	Berlin 1815
Leib-Küraff.-Rgt. Großer Kurfürst (Schles.) Nr. 1	VI	schwarz	gelb	Breslau 1646
Küraff.-Rgt. Königin (Pomm.) Nr. 2	II	karm.	weiß	Pasewalk 1717
Küraff.-Rgt. Graf Wrangel (Ostpr.) Nr. 3	I	hellblau	weiß	Königsberg 1717
Küraff.-Rgt. v. Driesen (Westfäl.) Nr. 4	VII	rot	weiß	Münster 1717
Küraff.-Rgt. Herzog Friedrich Eugen von Württemberg (Westpr.) Nr. 5	XX	rosa	gelb	Riesenburg und Deutsch-Eylau 1717
Küraff.-Rgt. Kaiser Nikolaus I. von Rußland (Brandenb.) Nr. 6	III	blau	gelb	Brandenburg 1691
Küraff.-Rgt. v. Seydlitz (Magdeb.) Nr. 7	IV	gelb	weiß	Halberstadt und Quedlinburg 1815
Küraff.-Rgt. Graf Geßler (Rhein.) Nr. 8	VIII	grün	gelb	Köln-Deutz 1815

2. Dragoner. Rock und Mütze hellblau. Besatzfarben bei Kragenaufschlägen und Mütze von der Farbe der Schulterklappe, die Nummer oder Namenszug zeigen, ausgenommen Regt. 19. Haarbusch schwarz, Ärmelaufschläge schwedisch. Säbelbandelier und Koppel weiß; bei den hessischen Dragonern schwarz. Bei weißem Helmbeschlag Schuppenkette gelb.

Truppenteil	Armee-Korps	Knöpfe bzw. Helmbeschlag	Schulterklappen	Garnisonen und Gründungsjahr
1. Garde-Drag.-Rgt. Königin Viktoria v. Großbritannien u. Irland	G.	gelb	rot	Berlin 1815
2. Garde-Drag.-Rgt. Kaiserin Alexandra von Rußland	G.	weiß	rot	Berlin 1860

Truppenteil	Armee-Korps	Knöpfe bzw. Helmbeschläge	Schulterklappen	Garnisonen und Gründungsjahr
Dragoner-Rgt. Prinz Albrecht von Preußen (Litthauisches) Nr. 1	I.	gelb	rot	Tilsit 1717
1. Brandenburg. Drag.-Rgt. Nr. 2	III	gelb	schwarz	Schwedt a. d. O. 1689
Grenadier-Rgt. zu Pferde Freiherr v. Derfflinger (Neumärk.) Nr. 3	II	weiß	rosa	Bromberg 1704
Drag.-Rgt. v. Bredow (1. Schles.) Nr. 4	V	weiß	hellgelb	Lüben 1815
Drag.-Rgt. Frhr. v. Manteuffel (Rhein.) Nr. 5	XI	weiß	rot	Hofgeismar 1860
Magdeburg. Drag.-Rgt. Nr. 6	XVIII	weiß	schwarz	Mainz 1860
Westf. Drag.-Rgt. Nr. 7	XXI	gelb	rosa	Saarbrücken 1860
Dragoner-Rgt. König Friedrich III. (2. Schles.) Nr. 8	VI	gelb	gelb	Kreuzburg, Bernstadt und Namslau 1860
Drag.-Rgt. König Carl I. von Rumänien (1. Hann.) Nr. 9	XVI	gelb	weiß	Metz 1805
Drag.-Rgt. König Albert von Sachsen (Ostpr.) Nr. 10	XX	weiß	weiß	Allenstein 1866
Drag.-Rgt. v. Wedel (Pomm.) Nr. 11	XX	gelb	karm.	Lyck 1866
Drag.-Rgt. v. Arnim (2. Brdbg.) Nr. 12	II	weiß	karm.	Gnesen 1866
Schlesw.-Holst. Drag.-Rgt. Nr. 13	XVI	gelb	rot	Borny (Metz) 1866
Kurmärkisches Drag.-Rgt. Nr. 14	XV	gelb	schwarz	Kolmar 1866
3. Schles. Drag.-Rgt. Nr. 15	XV	weiß	rosa	Hagenau 1866
2. Hannov. Drag.-Rgt. Nr. 16	X	weiß	gelb	Lüneburg 1813
1. Großh. Mecklbg. Drag.-Rgt. Nr. 17	IX	gelb	rot	Ludwigslust 1819
2. Grßh. Mecklbg. Drag.-Rgt. Nr. 18	IX	weiß	schwarz	Parchim 1867
Oldenburg. Drag.-Rgt. Nr. 19	X	weiß	weiß	Oldenburg 1849
1. Bad. Leib-Drag.-Rgt. Nr. 20	XIV	weiß	rot	Karlsruhe 1803
2. Bad. Drag.-Rgt. Nr. 21	XIV	weiß	gelb	Bruchsal und Schwetzingen 1850
3. Bad. Drag.-Rgt. Prinz Karl Nr. 22	XIV	weiß	schwarz	Mülhausen 1850
Garde-Drag.-Rgt. (1. Großh. Hess.) Nr. 23	XVIII	weiß	rot	Darmstadt 1790
Leib-Drag.-Rgt. (2. Großh. Hess.) Nr. 24	XVIII	weiß	weiß	Darmstadt 1860

Truppenteil	Armee-Korps	Knöpfe bzw. Helm-beschlag	Schulter-klappen	Garnisonen und Gründungsjahr
Drag.-Rgt. Königin Olga (1. Württ.) Nr. 25	XIII	gelb Beschlag weiß	weiß	Ludwigsburg 1813
Drag.-Rgt. König (2. Württbg.) Nr. 26	XIII	weiß	gelb	Stuttgart-Cannstatt 1805

3. **Husaren**: Der Rock (Attila) verschiedenfarbig. An der Vorderseite der Attila 5 Reihen weiß- oder gelbwollener Schnurbesatz mit Metallrosetten von gleicher Farbe. Statt Schulterklappen Achselschnüre und statt der Knöpfe Knebel von der Farbe des Schulterbesatzes. Kopfbedeckung eine Pelzmütze mit verschiedenfarbigem Kalpak, zur Parade mit weißem Haarbusch. Die Feldmütze hatte die Farbe der Attila, mit Streifen von verschiedener Farbe. Die mit einem Sternchen * bezeichneten Regimenter hatten Pelze.

Truppenteil	Armee-Korps	Attila	Schnur-besatz	Mützen-streifen	Kalpak	Garnisonen und Gründungsjahr
Leib-Garde-Hus.-Rgt.*	G	rot	gelb	dkl.-blau	rot	Potsdam 1815
1. Leib-Hus.-Rgt. Nr. 1*	XVII	schwarz	weiß	rot	rot	Danzig-Langfuhr 1741
2. Leib-Hus.-Rgt. Königin Victoria (Preuß.) Nr. 2*	XVII	schwarz	weiß	schwarz	weiß	Danzig-Langfuhr 1741
Husaren-Rgt. v. Ziethen (Brdbg.) Nr. 3*	III	rot	weiß	dkl.-blau	rot	Rathenow 1730
Hus.-Rgt. v. Schill (1. Schles.) Nr. 4	VI	braun	gelb	braun	gelb	Ohlau 1741
Hus.-Rgt. Fürst Blücher von Wahlstatt (Pomm.) Nr. 5	XVII	karm.	weiß	schwarz	karm.	Stolp 1758
Hus.-Rgt. Graf Goetzen (2. Schl.) Nr. 6	VI	grün	gelb	rot	rot	Ratibor und Leobschütz 1808
Hus.-Rgt. König Wilhelm I. (1. Rh.) Nr. 7	VIII	blau	gelb	rot	rot	Bonn 1815
Hus.-Rgt. Kais. Nikolaus II. v. Rußland (1. Westf.) Nr. 8*	VII	dkl.-blau	weiß	hellblau	hellblau	Paderborn und Neuhaus 1815
2. Rhein. Hus.-Rgt. Nr. 9	XV	hellblau	gelb	hellblau	hellblau	Straßburg 1815
Magdeb. Hus.-Rgt. Nr. 10	IV	grün	gelb	rosa	rosa	Stendal 1813
2. Westf. Hus.-Rgt. Nr. 11	VII	grün	weiß	rot	rot	Krefeld 1813
Thür. Hus.-Rgt. Nr. 12*	IV	hellblau	weiß	hellblau	weiß	Torgau 1791

Truppenteil	Armee-Korps	Attila	Schnur-besatz	Mützen-streifen	Kalpak	Garnisonen und Gründungsjahr
Hus.-Rgt. König Humbert v. Italien (1. Kurheff.) Nr. 13*	XVI	hellblau	weiß	rot	rot	Diedenhofen 1813
Hus.-Rgt. Landgr. Friedrich II. Heffen-Homb. (2. Kurh.) Nr. 14	XI	dkl.-blau	weiß	rot	rot	Kassel 1813
Hus.-Rgt. Königin Wilh. d. Niederlande (Hannover) Nr. 15*	IX	dkl.-blau	weiß	gelb	gelb	Wandsbeck 1803
Hus.-Rgt. Kaif. Franz Joseph v. Öfterr., Kön. v. Ung. (Schlesw.-Holft.) Nr. 16*	IX	hellblau	weiß	gelb	gelb	Schleswig 1866
Braunschw. Huf.-Rgt. Nr. 17	X	schwarz	gelb	rot	rot	Braunschweig 1809
Kgl. Sächf. 1. Huf.-Rgt. „König Albert" Nr. 18	XII	hellblau	gelb	hellblau	rot	Großenhain 1734
Kgl. Sächf. 2. Huf.-Rgt. Nr. 19	XIX	hellblau	weiß	hellblau	karm.	Grimma 1791
Kgl. Sächf. 3. Huf.-Rgt. Nr. 20	XII	feldgrau	grau	kornblum.-blau	hellblau	Bautzen 1910

4. Ulanen: Der Rock der Ulanen, die Ulanka, war bei den preuß. und württembergischen Regimentern dunkelblau, bei den Bayern dunkelgrün, bei den Sachsen hellblau. Auch das Beinkleid hatte bei den Regimentern 17 und 18 diese Farbe mit breitem karmefinrotem Streifen. Mütze in der Farbe der Ulanka, bei den Sachsen jedoch weiß. Aufschlag polnisch. Besatzstreifen der Mütze und die Brustrabatten, die nur zur Parade getragen wurden, in der Farbe des Kragens, ebenso der Vorstoß am Rockschoß, zu beiden Seiten der Brust und an den Rücken- und Ärmelnähten. Statt der Schulterklappen wurden Epauletten mit Nummer getragen, deren Monde mit Ausnahme der Regimenter 13 und 15 gelb waren. Die Kopfbedeckung war die Tschapka, zur Parade mit weißem Haarbusch. Schuppenketten auch bei weißem Beschlag gelb. Die beiden bayerischen Ulanen-Regimenter trugen an den langen Hosen breite Streifen in der Farbe des Besatzes. Keinen Paßgürtel, das Koppel wurde auf der Ulanka getragen.

Truppenteil	Armee-korps	Kragen	Knöpfe	Epauletten-Felder	Garnisonen und Gründungsjahr
1. Garde-Ulanen-Rgt.	G	rot	weiß	weiß	Potsdam 1819
2. Garde-Ulanen-Rgt.	G	rot	gelb	rot	Berlin 1819
3. Garde-Ulanen-Rgt.	G	gelb	weiß	gelb	Potsdam 1869
Ulan.-Rgt. Kaiser Alexander III. von Rußland (Westpr.) Nr. 1	V	rot	gelb	weiß	Militsch und Ostrow 1745
Ulanen-Rgt. v. Katzler (Schlef.) Nr. 2	VI	rot	gelb	rot	Gleiwitz und Pleß 1745

Truppenteil	Armee-korps	Kragen	Knöpfe	Epaulette-Felder	Garnisonen und Gründungsjahr
Ulanen-Rgt. Kaiser Alexander II. von Rußland (1. Brdbg.) Nr. 3	III	rot	gelb	gelb	Fürstenwalde 1809
Ul.-Rgt. v. Schmidt (1. Pomm.) Nr. 4	XX	rot	gelb	blau	Thorn 1815
Westfäl. Ulanen-Rgt. Nr. 5	VII	rot	weiß	weiß	Düsseldorf 1815
Thüring. Ulanen-Rgt. Nr. 6	XVIII	rot	weiß	rot	Hanau 1813
Ulanen-Rgt. Großh. Friedrich v. Baden (Rhein.) Nr. 7	XXI	rot	weiß	gelb	Saarbrücken 1734
Ulanen-Rgt. Graf zu Dohna (Ostpr.) Nr. 8	I	rot	weiß	blau	Gumbinnen und Stallupönen 1812
2. Pomm. Ulanen-Rgt. Nr. 9	II	weiß	gelb	weiß	Demmin 1860
Ulanen-Rgt. Prinz August v. Württemberg (Pos.) Nr. 10	V	karm.	gelb	karm.	Züllichau 1860
Ulanen-Rgt. Graf Haeseler (2. Brdbg.) Nr. 11	XXI	gelb	gelb	gelb	Saarburg 1860
Litthauisch. Ulanen-Rgt. Nr. 12	I	blau	gelb	blau	Insterburg 1860
Königs-Ul.-Rgt. (1. Hann.) Nr. 13	X	weiß	weiß	weiß	Hannover 1803
2. Hannov. Ulanen-Rgt. Nr. 14	XVI	karm.	weiß	karm.	St. Arold und Mörchingen 1805
Schlesw.-Holst. Ulan.-Rgt. Nr. 15	XXI	gelb	weiß	gelb	Saarburg 1866
Ulanen-Rgt. Hennigs v. Treffen-feld (Altmärk.) Nr. 16	IV	blau	weiß	blau	Salzwedel und Gardelegen 1866
Kgl. Sächs. 1. Ulanen-Rgt. Nr. 17 Kais. Franz Jos. v. Osterreich, König von Ungarn	XII	karm.	gelb		Oschatz 1867
Kgl. Sächs. 2. Ulan.-Rgt. Nr. 18	XIX	karm.	gelb		Leipzig 1867
Ulan.-Rgt. König Karl (1. Württ.) Nr. 19	XIII	rot	weiß	rot	Ulm / Weiblingen 1683
Ulan.-Rgt. König Wilhelm I. (2. Württ.) Nr. 20	XIII	gelb	weiß	gelb	Ludwigsburg 1809
Kgl. Sächs. 3. Ulanen-Rgt. Nr. 21 Kaiser Wilhelm II., König v. Preußen	XIX	karm.	weiß		Chemnitz 1905
Kgl. Bayer. 1. Ulan.-Rgt. Kaiser Wilhelm II., König v. Preußen	II B	karm.	gelb	karm.	Bamberg 1863
Kgl. Bayer. 2. Ulan.-Rgt. König	II B	karm.	weiß	karm.	Ansbach 1863

5. **Schwere Reiter:** Das Kgl. Sächsische Garde-Reiter-Regiment und das Kgl. Sächsische Karabinier-Regiment trugen hellblaue Röcke, die an den Ärmel- und Rückennähten, ebenso an den Schößen, einen weißen Vorstoß hatten. Am Kragen, an der Vorderseite des Rockes und an den schwedischen Ärmelaufschlägen war eine weiße Borte, beim Garde-Reiter-Regiment mit zwei blauen, beim Karabinier-Regiment mit zwei schwarzen Streifen. Beide Regimenter hatten weißes Lederzeug und messingene Achselschuppen, das Garde-Reiter-Regiment mit Namenszug. Knöpfe und Helme gelb (Tombak). Zur Parade trug das Garde-Reiter-Regiment einen versilberten Löwen, die Karabiniers einen weißen Haarbusch. Die Röcke der bayerischen schweren Reiter-Regimenter waren hellblau, die Aufschläge schwedisch. Besatz und Achselklappen rot, das Lederzeug weiß. An den langen Hosen breite Streifen in der Farbe des Rockbesatzes. Am Helm wurde zur Parade ein weißer Haarbusch getragen. Knöpfe und Helmbeschlag waren beim 1. Regiment weiß, beim 2. gelb.

Truppenteil	Armee-Korps	Truppenteil	Armee-Korps
Kgl. Sächs. Garde-Reiter-Regiment (1. Schweres Regiment) Dresden 1680	XII	Kgl. Bayer. 1. Schweres Reiter-Rgt. Prinz Carl v. Bayern München 1814	I B
Kgl. Sächs. Karabinier-Regiment (2. Schweres Regiment) Borna 1849	XIX	Kgl. Bayer. 2. Schweres Reiter-Rgt. Franz Ferdinand von Österreich-Este Landshut 1815	I B

6. **Chevaulegers:** Der Rock war von dunkelgrünem Tuch, im Schnitt ähnlich der Ulanka, jedoch mit schwedischen Aufschlägen, die Schulterklappen von der Farbe des Rockbesatzes, ohne Nummer. Das Lederzeug war weiß. Zur Parade wurde ein weißer Haarbusch getragen. An den langen Hosen befanden sich breite Streifen in der Farbe des Rockbesatzes.

Truppenteil	Armee-Korps	Rockbesatz	Knöpfe bzw. Helmbeschlag	Garnisonen und Gründungsjahr
Kgl. Bayer. 1. Chevaulegers-Rgt. Kaiser Nikolaus von Rußland	III B	karm.	gelb	Nürnberg 1682
Kgl. Bayer. 2. Chevaulegers-Rgt. Taxis	III B	karm.	weiß	Regensburg 1682
Kgl. Bayer. 3. Chevaulegers-Rgt. Herzog Karl Theodor	II B	rosa	gelb	Landsberg 1724
Kgl. Bayer. 4. Chevaulegers-Rgt. König	I B	rot	weiß	Augsburg 1744
Kgl. Bayer. 5. Chevaulegers-Rgt. Erzherzog Friedrich v. Österreich	II B	rot	gelb	Saargemünd 1776
Kgl. Bayer. 6. Chevaulegers-Rgt. Prinz Albrecht von Preußen	III B	rosa	weiß	Bayreuth 1803
Kgl. Bayer. 7. Chevaulegers-Rgt. Prinz Alfons	III B	weiß	gelb	Straubing 1905
Kgl. Bayer. 8. Chevaulegers-Rgt.	I B	weiß	weiß	Dillingen 1909

7. **Jäger zu Pferde:** Der Waffenrock war aus graugrünem Tuch hergestellt und hatte hellgrüne Schulterklappen und Besätze. Aufschläge schwedisch; die Achselklappen hatten eine Einfassung in der Farbe der Waffenrockborte. Namenszug beim Rgt. 1 gelb, bei den übrigen rote Ziffern. Die Knöpfe waren bei den Regimentern 1—7 silbern, bei Regiment 8—13 golden, die ersteren trugen geschwärzte Kürassier-, die anderen Dragoner-Helme. Die Mütze war aus graugrünem Tuch, Besatzstreifen hellgrün mit zitronengelben Vorstößen. Das Lederzeug war bei den Regimentern 1—7 dunkelbraun, von 8—13 schwarz.

Truppenteil	Armee-Korps	Waffen-rock-borte	Garnisonen und Gründungsjahr
Rgt. Königs-Jäger zu Pferde Nr. 1	V	weiß	Posen 1901
Jäg.-Rgt. z. Pferde Nr. 2	XI	rot	Langensalza 1905
Jäg.-Rgt. z. Pferde Nr. 3	XV	gelb	Kolmar 1905
Jäg.-Rgt. z. Pferde Nr. 4	XVII	hellblau	Graudenz 1905
Jäg.-Rgt. z. Pferde Nr. 5	XIV	schwarz	Mülhausen 1908
Jäg.-Rgt. z. Pferde Nr. 6	XI	dunkelblau	Erfurt 1910
Jäg.-Rgt. z. Pferde Nr. 7	VIII	rosa	Trier 1913
Jäg.-Rgt. z. Pferde Nr. 8	VIII	weiß	Trier 1913
Jäg.-Rgt. z. Pferde Nr. 9	I	rot	Insterburg 1913
Jäg.-Rgt. z. Pf. Nr. 10	I	gelb	Angerburg und Goldap 1913
Jäg.-Rgt. z. Pf. Nr. 11	VI	hellblau	Tarnowitz und Lublinitz 1913
Jäg.-Rgt. z. Pf. Nr. 12	XVI	schwarz	St. Arold 1913
Jäg.-Rgt. z. Pf. Nr. 13	XVI	dunkelblau	Saarlouis 1913

Artillerie: Röcke und Mützen der preuß. Feld- und Fußartillerie dunkelblau. Kragen, Ärmelaufschläge und Mützenstreifen schwarz. Auf dem Helm statt Spitze eine Kugel. Knöpfe und Helmbeschlag gelb. Die Feldartillerie und die Garde-Fußartillerie schwedische Aufschläge, die übrige Fußartillerie brandenburgische mit rotem Vorstoß. Die Ärmelpatten von der Tuchfarbe. Die Schulterklappen der Linien-Feldartillerie von der gleichen Farbe wie die der Infanterie des betr. Armeekorps, beim XIV. Korps jedoch ponceaurot. — Das Schulterklappenabzeichen war eine runde, glatte Granate mit einer Flamme, darunter die Regimentsnummer in Rot bzw. Gelb. Zu Namenszügen wurde die Granate in kleinerer Form unterhalb derselben getragen. Die preußische Feldartillerie hatte weißes Lederzeug, die württembergische, sächsische, badische und hessische jedoch schwarzes. Die Kgl. Sächs. Regimenter trugen grüne Röcke mit roten Kragen und Ärmelaufschlägen schwedischer Art. Auf den rot eingefaßten Schulterklappen in der Tuchfarbe befand sich über der Regimentsnummer eine siebenflammige Granate. Der Haarbusch bei den sächsischen Regimentern war schwarz. Die Kgl. Bayer. Feldartillerie-Regimenter trugen statt der Kugel eine Spitze auf dem Helm, an den langen Hosen breite rote Streifen; sie hatten rote Schulterklappen mit der Regimentsnummer ohne Granate. Die Fußartillerie hatte weiße Schulterklappen und ebenfalls den Helm mit Spitze. Die reitenden Abteilungen trugen durchweg zur Parade schwarzen bzw. bei den Bayern roten Haarbusch.

Truppenteil	Armee-Korps	Kopf-bedeckung	Schulter-klappen	Garnisonen und Gründungsjahr
1. Garde-Feldart.-Rgt.	G	Helm m. w. Hb.	weiß	Berlin 1816
2. Garde-Feldart.-Rgt.	G	Helm m. w. Hb.	rot	Potsdam 1872
3. Garde-Feldart.-Rgt.	G	Helm m. w. Hb.	gelb	Berlin und Beeskow 1899
4. Garde-Feldart.-Rgt.	G	Helm m. w. Hb.	blau	Potsdam 1899
Feldart.-Rgt. Prinz August v. Preuß. (1. Litthauisch.) Nr. 1	I	Helm m. schw. Hb.	weiß	Gumbinnen und Insterburg 1722
1. Pomm. Feldart.-Rgt. Nr. 2	II	Helm	weiß	Kolberg und Belgard 1808
Feldart.-Rgt. Gen.-Feldzeugmeister (1. Brdbg.) Nr. 3	III	Helm	rot	Brandenburg 1816
Feldart.-Rgt. Prinz-Regent Luitpold v. Bayern (Magdeb.) Nr. 4	IV	Helm	rot, mit Namensz.	Magdeburg 1816
Feldart.-Rgt. v. Podbielski (1. Niederschles.) Nr. 5	V	Helm	gelb	Sprottau und Sagan 1816
Feldart.-Rgt. v. Peucker (1. Schles.) Nr. 6	VI	Helm	gelb	Breslau 1808
1. Westf. Feldart.-Rgt. Nr. 7	VII	Helm	blau	Wesel und Düsseldorf 1816
Feldart.-Rgt. von Holtzendorff (1. Rhein.) Nr. 8	XXI	Helm	hellgrün	Saarlouis und Saarbrücken 1816
Feldart.-Rgt. Gen.-Feldmarschall Gr. Waldersee (Schlesw.) Nr. 9	IX	Helm	weiß	Itzehoe 1866
Feldart.-Rgt. v. Scharnhorst (1. Hannov.) Nr. 10	X	Helm	weiß	Hannover 1803
1. Kurhess. Feldart.-Rgt. Nr. 11	XI	Helm	rot	Kassel und Fritzlar 1813
Kgl. Sächs. 1. Feldart.-Rgt. Nr. 12	XII	Helm m. schw. Hb.	grün, mit rot. Einf.	Dresden und Königsbrück 1620
Feldart.-Rgt. König Karl (1. Württ.) Nr. 13	XIII	Helm m. w. Hb.	rot, mit Namensz.	Ulm und Stuttgart-Cannstatt 1873
Feldart.-Rgt. Großherzog (1. Bad.) Nr. 14	XIV	Helm m. schw. Hb.	rot	Karlsruhe 1850
1. Ob.-Els. Feldart.-Rgt. Nr. 15	XXI	Helm	hellgrün	Saarburg und Mörchingen 1871
1. Ostpr. Feldart.-Rgt. Nr. 16	I	Helm	weiß	Königsberg 1872
2. Pomm. Feldart.-Rgt. Nr. 17	II	Helm	weiß	Bromberg 1872

Truppenteil	Armee-korps	Kopf-bedeckung	Schulter-klappen	Garnisonen und Gründungsjahr
Feldart.-Rgt. Gen.-Feldzeugmeister (2. Brdbg.) Nr. 18	III	Helm	rot	Frankfurt a. d. O. 1872
1. Thür. Feldart.-Rgt. Nr. 19	XI	Helm	rot	Erfurt 1872
1. Pos. Feldart.-Rgt. Nr. 20	V	Helm	gelb	Posen 1872
Feldart.-Rgt. v. Clausewitz (1. Ober-schles.) Nr. 21	VI	Helm	gelb	Neisse und Grottkau 1872
2. Westf. Feldart.-Rgt. Nr. 22	VII	Helm	blau	Münster 1872
2. Rhein. Feldart.-Rgt. Nr. 23	VIII	Helm	blau	Koblenz 1872
Holstein. Feldart.-Rgt. Nr. 24	IX	Helm	weiß	Güstrow 1872
Großh. Artilleriekorps, 1. Großh. Hess. Feldart.-Rgt. Nr. 25	XVIII	Helm m. schw. Hb.	rot mit Namensz.	Darmstadt 1790
2. Hann. Feldart.-Rgt. Nr. 26	X	Helm	weiß	Verden 1872
1. Nass. Feldart.-Rgt. Nr. 27 Oranien	XVIII	Helm	blau	Mainz und Wiesbaden 1833
Kgl. Sächs. 2. Feldart.-Rgt. Nr. 28	XII	Helm m. schw. Hb.	grün mit rot. Einf.	Bautzen 1872
2. Württbg. Feldart.-Rgt. Nr. 29	XIII	Helm m. w. Hb.	rot mit Namensz.	Ludwigsburg 1817
Prinz-Reg. Luitpold v. Bayern 2. Bad. Feldart.-Rgt. Nr. 30	XIV	Helm	rot	Rastatt 1872
1. Unt.-Els. Feldart.-Rgt. Nr. 31	XXI	Helm	hellgrün	Hagenau 1881
Kgl. Sächs. 3. Feldart.-Rgt. Nr. 32	XIX	Helm m. schw. Hb.	grün mit rot. Einf. u. Namensz.	Riesa 1889
1. Lothr. Feldart.-Rgt. Nr. 33	XVI	Helm	gelb	Metz 1890
2. Lothr. Feldart.-Rgt. Nr. 34	XVI	Helm	gelb	Metz 1890
1. Westpreuß. Feldart.-Rgt. Nr. 35	XX	Helm	hellblau	Deutsch-Eylau 1890
2. Westpr. Feldart.-Rgt. Nr. 36	XVII	Helm	gelb	Danzig 1890
2. Litth. Feldart.-Rgt. Nr. 37	I	Helm	weiß	Insterburg 1899
Vorpomm. Feldart.-Rgt. Nr. 38	II	Helm	weiß	Stettin 1899
Kurmärk. Feldart.-Rgt. Nr. 39	III	Helm	rot	Perleberg 1899
Altmärk. Feldart.-Rgt. Nr. 40	IV	Helm	rot	Burg 1899
2. Niederschles. Feldart.-Rgt. Nr. 41	V	Helm	gelb	Glogau 1899
2. Schles. Feldart.-Rgt. Nr. 42	VI	Helm	gelb	Schweidnitz 1899
Clevesches Feldart.-Rgt. Nr. 43	VII	Helm	blau	Wesel 1899
Triersches Feldart.-Rgt. Nr. 44	VIII	Helm	blau	Trier 1899

Truppenteil	Armee-Korps	Kopfbedeckung	Schulterklappen	Garnisonen und Gründungsjahr
Lauenburg. Feldart.-Rgt. Nr. 45	IX	Helm	weiß	Altona-Bahrenfeld und Rendsburg 1899
Niedersächs. Feldart.-Rgt. Nr. 46	X	Helm	weiß	Wolfenbüttel und Celle 1899
2. Kurhess. Feldart.-Rgt. Nr. 47	XI	Helm	rot	Fulda 1899
Kgl. Sächs. 4. Feldart.-Rgt. Nr. 48	XII	Helm m. schw. Hb.	grün mit rot. Einf.	Dresden 1899
3. Württ. Feldart.-Rgt. Nr. 49	XIII	Helm	rot	Ulm 1899
3. Bad. Feldart.-Rgt. Nr. 50	XIV	Helm	rot	Karlsruhe 1899
2. Ober-Elsäss. Feldart.-Rgt. Nr. 51	XV	Helm	rot	Straßburg 1899
2. Ostpreuß. Feldart.-Rgt. Nr. 52	I	Helm	weiß	Königsberg 1899
Hinterpomm. Feldart.-Rgt. Nr. 53	II	Helm	weiß	Bromberg und Hohensalza 1899
Neumärk. Feldart.-Rgt. Nr. 54	III	Helm	rot	Küstrin und Landsberg 1899
2. Thür. Feldart.-Rgt. Nr. 55	XI	Helm	rot	Naumburg 1899
2. Pos. Feldart.-Rgt. Nr. 56	V	Helm	gelb	Lissa 1899
2. Oberschles. Feldart.-Rgt. Nr. 57	VI	Helm	gelb	Neustadt und Gleiwitz 1899
Mindensches Feldart.-Rgt. Nr. 58	VII	Helm	blau	Minden 1899
Bergisches Feldart.-Rgt. Nr. 59	VIII	Helm	blau	Köln-Riehl 1899
Großh. Mecklbg. Feldart.-Rgt. Nr. 60	IX	Helm	weiß mit Namensz.	Schwerin 1813
2. Großh. Hess. Feldart.-Rgt. Nr. 61	XVIII	Helm	rot	Darmstadt und Babenhausen 1899
Ostfries. Feldart.-Rgt. Nr. 62	X	Helm	weiß	Oldenburg und Osnabrück 1899
2. Nassauisch. Feldart.-Rgt. Nr. 63 Frankfurt	XVIII	Helm	blau	Frankfurt und Mainz 1899
Kgl. Sächs. 5. Feldart.-Rgt. Nr. 64	XII	Helm m. schw. Hb.	grün mit rot. Einf.	Pirna 1901
4. Württ. Feldart.-Rgt. Nr. 65	XIII	Helm	rot	Ludwigsburg 1899
4. Bad. Feldart.-Rgt. Nr. 66	XV	Helm	rot	Lahr und Neubreisach 1899
2. Unter-Elsäss. Feldart.-Rgt. Nr. 67	XXI	Helm	hellgrün	Hagenau und Bischweiler 1899
Kgl. Sächs. 6. Feldart.-Rgt. Nr. 68	XIX	Helm m. schw. Hb.	grün mit rot. Einf.	Riesa 1899
3. Lothr. Feldart.-Rgt. Nr. 69	XVI	Helm	gelb	St. Arold 1899
4. Lothr. Feldart.-Rgt. Nr. 70	XVI	Helm	gelb	Metz und Bitsch 1899
Feldart.-Rgt. Nr. 71 Groß-Komtur	XVII	Helm	gelb	Graudenz 1899
Feldart.-Rgt. Nr. 72 Hochmeister	XVII	Helm	gelb	Preußisch-Stargard und Marienwerder 1899
1. Masur. Feldart.-Rgt. Nr. 73	XX	Helm	hellblau	Allenstein 1899
Torgauer Feldart.-Rgt. Nr. 74	IV	Helm	rot	Torgau und Wittenberge 1899
Mansfelder Feldart.-Rgt. Nr. 75	IV	Helm	rot	Halle 1899

Truppenteil	Armee-Korps	Kopf-bedeckung	Schulter-klappen	Garnisonen und Gründungsjahr
5. Bad. Feldart.-Rgt. Nr. 76	XIV	Helm	rot	Freiburg 1899
Kgl. Sächs. 7. Feldart. Rgt. Nr. 77	XIX	Helm m. schw. Hb.	grün mit rot. Einf.	Leipzig 1899
Kgl. Sächs. 8. Feldart.-Rgt. Nr. 78	XIX	Helm m. schw. Hb.	grün mit rot. Einf.	Wurzen 1901
3. Ostpr. Feldart.-Rgt. Nr. 79	XX	Helm	hellblau	Osterode 1912
3. Ob.-Elsäss. Feldart.-Rgt. Nr. 80	XV	Helm	rot	Kolmar und Oberhofen 1912
Thorner Feldart.-Rgt. Nr. 81	XVII	Helm	gelb	Thorn und Hammerstein 1912
2. Masur. Feldart.-Rgt. Nr. 82	XX	Helm	hellblau	Rastenburg-Lötzen 1912
3. Rhein. Feldart.-Rgt. Nr. 83	VIII	Helm	blau	Friedrichsfeld 1912
Straßburger Feldart.-Rgt. Nr. 84	XV	Helm	rot	Straßburg und Darmstadt 1912
Kgl. Bayer. 1. Feldart.-Rgt. Prinz-Regent Luitpold	I B	Helm m. rot. Hb.	rot mit Namensz.	München 1824
Kgl. Bayer. 2. Feldart.-Rgt. Horn	II B	Helm m. rot. Hb.	rot	Würzburg 1824
Kgl. Bayer. 3. Feldart.-Rgt. Prinz Leopold	III B	Helm m. rot. Hb.	rot	Amberg 1848
Kgl. Bayer. 4. Feldart.-Rgt. König	I B	Helm m. rot. Hb.	rot	Augsburg 1859
Kgl. Bayer. 5. Feldart.-Rgt. König Alfons XIII. von Spanien	II B	Helm m. rot. Hb.	rot	Landau 1890
Kgl. Bayer. 6. Feldart.-Rgt. Prinz Ferdinand von Bourbon, Herzog von Calabrien	III B	Helm m. rot. Hb.	rot	Fürth 1900
Kgl. Bayer. 7. Feldart.-Rgt. Prinz-Regent Luitpold	I B	Helm m. rot. Hb.	rot mit Namensz.	München 1900
Kgl. Bayer. 8. Feldart.-Rgt. Prinz Heinrich von Preußen	III B	Helm m. rot. Hb.	rot	Nürnberg 1900
Kgl. Bayer. 9. Feldart. Rgt.	I B	Helm m. rot. Hb.	rot	Landsberg 1901
Kgl. Bayer. 10. Feldart. Rgt.	III B	Helm m. rot. Hb.	rot	Erlangen 1901
Kgl. Bayer. 11. Feldart. Rgt.	II B	Helm m. rot. Hb.	rot	Würzburg 1901
Kgl. Bayer. 12. Feldart. Rgt.	II B	Helm m. rot. Hb.	rot	Landau 1901

Truppenteil	Armee-Korps	Garnisonen und Gründungsjahr
Garde-Fußart.-Rgt.	G	Spandau 1865
Fußart.-Rgt. v. Linger (Ostpr.) Nr. 1	I	Königsberg und Lötzen 1864
Fußart.-Rgt. v. Hindersin (1. Pomm.) Nr. 2	II	Swinemünde und Emden 1865
Fußart.-Rgt. Gen.-Feldzeugmeister (Brandenbg.) Nr. 3	XVIII	Mainz 1864
Fußart.-Rgt. Encke (Magdebg.) Nr. 4	IV	Magdeburg 1864
Niederschles. Fußart.-Rgt. Nr. 5	V	Posen 1865
Fußart.-Rgt. v. Dieskau (Schles.) Nr. 6	VI	Neisse und Glogau 1865
Westf. Fußart.-Rgt. Nr. 7	XII	Köln 1864
Rhein. Fußart.-Rgt. Nr. 8	XVI	Metz 1864
Schlesw.-Holstein. Fußart.-Rgt. Nr. 9	VIII	Köln und Ehrenbreitstein 1893
Niedersächs. Fußart.-Rgt. Nr. 10	XV	Straßburg 1871
1. Westpreuß. Fußart.-Rgt. Nr. 11	XVII	Thorn 1881
1. Kgl. Sächs. Fußart.-Rgt. Nr. 12	XVI	Metz 1873
Hohenzollern-Fußart.-Rgt. Nr. 13	XV	Ulm und Breisach 1805
Badisches Fußart.-Rgt. Nr. 14	XIV	Straßburg 1893
2. Pomm. Fußart.-Rgt. Nr. 15	II	Bromberg und Graudenz 1893
Lothr. Fußart.-Rgt. Nr. 16	XVI	Diedenhofen und Mülheim 1912
2. Westpr. Fußart.-Rgt. Nr. 17	XVII	Danzig und Pillau 1911
Thür. Fußart.-Rgt. Nr. 18	XI	Mainz 1912
2. Königl. Sächs. Fußart.-Rgt. Nr. 19	XII	Dresden 1913
Lauenb. Fußart.-Rgt. Nr. 20	IX	Itzehoe 1912
Kgl. Bayr. 1. Fußart.-Rgt. vac. Bathmer	I B	München und Neu-Ulm 1873
Kgl. Bayr. 2. Fußart.-Rgt.	II B	Metz 1873
Kgl. Bayr. 3. Fußart.-Rgt.	III B	Ingolstadt 1912

Die Feldartillerie-Schießschule (Jüterbog gegründet 1867) hatte die Uniform des 2. Garde-Feldartillerie-Regiments, jedoch auf den Schulterklappen die verschlungenen Buchstaben FAS in gelber Farbe.

Die Fußartillerie-Schießschule und die Versuchs-Batterie der Artillerie-Prüfungskommission hatten die Uniform des Garde-Fußartillerie-Regiments, jedoch auf den Schulterklappen die verschlungenen Buchstaben FAS bzw. APK in roter Farbe.

Pioniere. Die preußischen und bayerischen Pioniere hatten einen Waffenrock von dunkelblauer Farbe mit schwarzem Kragen und schwedischen Ärmelaufschlägen. Knöpfe und Helmbeschlag waren weiß, Schulterklappen rot, auf diesen die Nummer des Bataillons. Bei den sächsischen Pionieren war der Waffenrock von dunkelgrünem Tuch mit rotem Kragen und Ärmelaufschlägen. Achselklappen von der Tuchfarbe ebenso rot eingefaßt wie der Waffenrock, mit roter Nummer und gekreuztem Spaten und Hacke. Helmbeschlag ebenfalls weiß.

Truppenteil	Armee-Korps	Garnisonen und Gründungsjahr
Garde-Pionier-Bataillon	G	Berlin 1810
Pionier-Bataillon Fürst Radziwill (Ostpr.) Nr. 1	I	Königsberg 1780
Pommersches Pionier-Bataillon Nr. 2	II	Stettin 1816
Pionier-Bataillon von Rauch (1. Brdb.) Nr. 3	III	Spandau 1741
Magdeburgisches Pionier-Bataillon Nr. 4	IV	Magdeburg 1816
Niederschles. Pionier-Bataillon Nr. 5	V	Glogau 1816
Schlesisches Pionier-Bataillon Nr. 6	VI	Neisse 1816
1. Westfälisches Pionier-Bataillon Nr. 7	VII	Köln-Riehl 1816
1. Rhein. Pionier-Bataillon Nr. 8	VIII	Koblenz 1816
Schlesw.-Holst. Pionier-Bataillon Nr. 9	IX	Harburg 1866
Hannoversches Pionier-Bataillon Nr. 10	X	Minden 1804
Kurhess. Pionier-Bataillon Nr. 11	XI	Hannover-Münden 1842
1. Kgl. Sächsisches Pionier-Bataillon Nr. 12	XII	Pirna 1698
Kgl. Württ. Pionier-Bataillon Nr. 13	XIII	Ulm 1817
Badisches Pionier-Bataillon Nr. 14	XIV	Kehl 1850
1. Elsäss. Pionier-Bataillon Nr. 15	XV	Straßburg 1871
1. Lothringisches Pionier-Bataillon Nr. 16	XVI	Metz 1881
1. Westpreußisches Pionier-Bataillon Nr. 17	XVII	Thorn 1890
Samländisches Pionier-Bataillon Nr. 18	I	Königsberg 1893
2. Elsäss. Pionier-Bataillon Nr. 19	XV	Straßburg 1893
2. Lothringisches Pionier-Bataillon Nr. 20	XVI	Metz 1893
1. Nassauisches Pionier-Bataillon Nr. 21	XVIII	Mainz-Kastel 1901
2. Kgl. Sächsisches Pionier-Bataillon Nr. 22	XIX	Riesa 1899
2. Westpreußisches Pionier-Bataillon Nr. 23	XX	Graudenz 1907
2. Westfälisches Pionier-Bataillon Nr. 24	VII	Köln-Riehl 1908
2. Nassauisches Pionier-Bataillon Nr. 25	XVIII	Mainz-Kastel 1909
Masurisches Pionier-Bataillon Nr. 26	XX	Graudenz 1912
2. Rhein. Pionier-Bataillon Nr. 27	XXI	Straßburg 1912
2. Brandenburgisches Pionier-Bataillon Nr. 28	III	Küstrin 1913
Posensches Pionier-Bataillon Nr. 29	V	Posen 1913
3. Rhein. Pionier-Bataillon Nr. 30	VIII	Ehrenbreitstein 1913
Kgl. Bayer. 1. Pionier-Bataillon	I B	München 1900
Kgl. Bayer. 2. Pionier-Bataillon	II B	Speyer 1872
Kgl. Bayer. 3. Pionier-Bataillon	III B	Ingolstadt 1872
Kgl. Bayer. 4. Pionier-Bataillon	III B	Ingolstadt 1912

Verkehrstruppen: Der Waffenrock war von dunkelblauem Tuch mit schwarzem Kragen und Ärmelaufschlägen schwedischer Art. Knöpfe, Helm- und Tschakobeschlag weiß. Schulterklappen hellgrau. Als Schulterklappenabzeichen trugen die Eisenbahnregimenter ein verschlungenes lateinisches E, die Telegraphenbataillone ein verschlungenes T, die Luftschiffer-Bataillone ein verschlungenes L, die Kraftfahrbataillone ein verschlungenes K, die Versuchskompanien ein verschlungenes V und die Fliegerbataillone einen geflügelten Propeller und dazu die Nummer des Regiments bzw. Bataillons.

Truppenteil	Armee-Korps	Kopfbedeckung	Garnisonen und Gründungsjahr
Eisenbahn-Rgt. Nr. 1	G	Helm mit schwarzem Haarbusch	Berlin-Schöneberg 1875
Eisenbahn-Rgt. Nr. 2	XVIII		Hanau 1890
Eisenbahn-Rgt. Nr. 3	XVIII		Hanau 1893
Eisenbahn-Batl. Nr. 4	G		Berlin-Schöneberg 1913
Telegraphen-Batl. Nr. 1	G	Tschako mit schw. Haarbusch	Berlin 1899
Telegraphen-Batl. Nr. 2	III		Frankfurt a. d. O. und Cottbus 1899
Telegraphen-Batl. Nr. 3	VIII	Tschako	Koblenz und Darmstadt 1899
Telegraphen-Batl. Nr. 4	XIV		Karlsruhe und Freiburg 1907
Telegraphen-Batl. Nr. 5	G		Berlin 1912
Telegraphen-Batl. Nr. 6	X		Münster 1913
Kgl. Sächs. Telegr.-Batl. Nr. 7	XII		Leipzig 1913
Luftschiffer-Batl. Nr. 1	G	Tschako mit schw. Haarbusch	Berlin-Reinickendorf 1884
Luftschiffer-Batl. Nr. 2	G		Berlin-Reinickendorf, Königsberg und Dresden 1911
Luftschiffer-Batl. Nr. 3	VIII	Tschako	Köln-Bockelmünd, Düsseldorf-Unterrath und Metz-Montigny 1911
Luftschiffer-Batl. Nr. 4	XIV		Mannheim, Metz-Montigny, Gotha und Friedrichshafen 1913
Luftschiffer-Batl. Nr. 5	I		Liegnitz, Allenstein und Posen 1913
Flieger-Batl. Nr. 1	G	Tschako mit schw. Haarbusch	Döberitz 1913
Flieger-Batl. Nr. 2	V		Posen, Graudenz und Königsberg 1913
Flieger-Batl. Nr. 3	VIII		Köln-Langerich, Hannover und Darmstadt 1913
Flieger-Batl. Nr. 4	XV		Straßburg, Metz-Montigny und Freiburg 1913
Kraftfahr-Batl.	G	Tschako mit schw. Haarbusch	Berlin-Schöneberg 1911
Versuchs-Abt. nebst Versuchskomp. des Mil.-Verkehrswesens	G		Berlin-Schöneberg 1911
Kgl. Bayer. Eisenb.-Batl.	I B	Tschako	München 1873
Kgl. Bayer. 1. Tel.-Batl.	I B		München 1901
Kgl. Bayer. 2. Tel.-Batl.	I B		München 1913
Kgl. Bayer. Luft- und Kraftfahr-Bataillon	I B		München 1911/12
Kgl. Bayr. Flieger-Batl.	I B	Tschako	Oberschleißheim 1912/13

Truppenteil	Armee-Korps	Kopfbedeckung	Garnisonen und Gründungsjahr
Garnisons-Telefon-Kompanie Nr. 1	XVII		Thorn 1913
Garnisons-Telefon-Kompanie Nr. 2	XVII		Graudenz 1913
Garnisons-Telefon-Kompanie Nr. 3	XVI		Metz 1913
Garnisons-Telefon-Kompanie Nr. 4	XV	Pickelhaube	Neubreisach 1913
Garnisons-Telefon-Kompanie Nr. 5	I		Königsberg 1913
Garnisons-Telefon-Kompanie Nr. 6	VIII		Köln 1913
Garnisons-Telefon-Kompanie Nr. 7	XVIII		Mainz 1913
Garnisons-Telefon-Kompanie Nr. 8	V		Posen 1913

Train: Waffenrock war dunkelblau, Kragen, Ärmelaufschläge schwedischer Art und Schulterklappen hellblau. Als Kopfbedeckung wurde ein Helm, zur Parade mit schwarzem Haarbusch, getragen. Die Garde-Train-Abteilung hatte am Kragen und an den Ärmelaufschlägen weiße Litzen, zur Parade jedoch weißen Haarbusch. Bei den Kgl. Sächsischen Train-Abteilungen war der Waffenrock hellblau, der Kragen und die Aufschläge schwarz, die Achselklappen von der Farbe des Rocktuches. Kragen, Achselklappen und Aufschläge waren rot eingefaßt, ersterer jedoch nur unten.

Truppenteil	Armee-Korps	Garnisonen und Gründungsjahr
Garde-Train-Abteilung	G	Berlin-Tempelhof 1853
Ostpr. Train-Abteilung Nr. 1	I	Königsberg 1853
Pomm. Train-Abteilung Nr. 2	II	Altendamm 1853
Brandenburgische Train-Abteilung Nr. 3	III	Spandau 1853
Magdeburgische Train-Abteilung Nr. 4	IV	Magdeburg 1853
Niederschlesische Train-Abteilung Nr. 5	V	Posen 1853
Schlesische Train-Abteilung Nr. 6	VI	Breslau 1853
Westfälische Train-Abteilung Nr. 7	VII	Münster 1853
1. Rhein. Train-Abteilung Nr. 8	VIII	Ehrenbreitstein 1853
Schleswig-Holsteinische Train-Abteilung Nr. 9	IX	Rendsburg 1866
Hannoversche Train-Abteilung Nr. 10	X	Hannover 1859
Kurhessische Train-Abteilung Nr. 11	XI	Kassel 1854

Truppenteil	Armee-Korps	Garnisonen und Gründungsjahr
1. Kgl. Sächs. Train-Abt. Nr. 12	XII	Bischofswerder 1810
Kgl. Württembergische Train-Abt. Nr. 13	XIII	Ludwigsburg 1871
Badische Train-Abteilung Nr. 14	XIV	Durlach 1864
Elsäss. Train-Abt. Nr. 15	XV	Straßburg 1871
Lothringische Train-Abteilung Nr. 16	XVI	Saarlouis 1890
Westpreußische Train-Abteilung Nr. 17	XVII	Danzig-Langfuhr 1890
Großherzogl. Hessische Train-Abteilung Nr. 18	XVIII	Darmstadt 1867
2. Kgl. Sächsische Train-Abteilung Nr. 19	XIX	Leipzig und Frankenburg 1899
Masur. Train-Abt. Nr. 20	XX	Hammerstein 1912
2. Rhein. Train-Abteilung Nr. 21	XXI	Forbach 1912
Kgl. Bayer. 1. Train-Abteilung	I B	München 1872
Kgl. Bayer. 2. Train-Abteilung	II B	Würzburg und Germersheim 1872
Kgl. Bayer. 3. Train-Abteilung	III B	Fürth und Ingolstadt 1900

Haupt-Kadettenanstalt und Kadettenhäuser: Die Kadetten der Haupt-Kadettenanstalt in Berlin-Lichterfelde hatten zwei, die übrigen preußischen Kadettenhäuser eine Litze in gelber Farbe am Kragen, die Aufschläge waren schwedisch und ebenfalls mit Litzen versehen. Der Waffenrock der Kadetten der Haupt-Kadettenanstalt in Berlin-Lichterfelde hatte vorn 8, der der anderen 6 Knöpfe. Rockbesatz und Mützenstreifen rot.

Kadettenhäuser	Armee-korps-Bereich	Knöpfe	Ärmelpatten Tuch	Ärmelpatten Vorstoß	Schulterklappen (ohne Abzeichen)
Berlin-Lichterfelde (H.K.A.)	G	gelb	rot	—	weiß
Köslin	II	gelb	rot	—	weiß
Potsdam	G	gelb	rot	—	rot
Wahlstatt	V	gelb	rot	—	gelb
Bensberg	VIII	gelb	rot	—	hellblau
Plön	IX	gelb	rot	gelb	weiß
Naumburg a. d. Saale	IV	gelb	rot	gelb	rot
Karlsruhe	XIV	gelb	rot	gelb	gelb
Oranienstein	XVIII	gelb	rot	gelb	hellblau

Bekleidungsämter

Die Bekleidungsämter waren verantwortlich für die Anschaffung und Instandhaltung der Uniformen und Ausrüstungen. Es existierten insgesamt 21 Bekleidungsämter für die 24 Armeecorps, d.h., daß einige Corps die Bekleidungsämter gemeinsam benutzten.

Die Marine besaß in Kiel und Wilhelmshaven ihr eigenes Bekleidungsamt.

Neben dem Verwaltungspersonal arbeiteten dort Schuhmacher, Schneider, Näherinnen und Hilfspersonal, die teilweise dem zivilen Bereich der Militärverwaltung angehörten oder einen Zivilberuf ausübten.

Bekleidungsämter befanden sich in:
Berlin (Garde-Corps) gegründet 1888
Rothenstein in Ostpreußen (1. Armeecorps) 1888
Stettin (2. Armeecorps) 1888
Spandau (3. Armeecorps) 1888
Magdeburg (4. Armeecorps) 1888
Posen (5. Armeecorps) 1888
Breslau (6. Armeecorps) 1888
Münster (7. Armeecorps) 1888
Koblenz (8. Armeecorps 1888
Hamburg-Altona und Bahrenfeld (9. Armeecorps) 1888
Hannover (10. Armeecorps) 1888
Kassel (11. Armeecorps) 1888
Dresden (12. Armeecorps) 1892
Ludwigsburg (13. Armeecorps) 1889
Karlsruhe (14. Armeecorps) 1888
Straßburg (15. Armeecorps) 1888
Metz (16. Armeecorps) 1892
Danzig (17. Armeecorps) 1892
Leipzig (19. Armeecorps) 1892
München (1. Bayr. Armeecorps) 1898
Würzburg (2. Bayr. Armeecorps) 1898
Kiel und Wilhelmshaven (Marinebekleidungsamt)

Die kaiserliche Marine

In der Regierungszeit Wilhelms II. kam der Marine besondere Bedeutung zu. Sollte das starke Heer dem Deutschen Reich auf dem Kontinent Geltung verschaffen, so war es Aufgabe der Marine, deutschen Interessen weltweit zu dienen. Der daraus resultierende tiefe Konflikt mit Großbritannien und seine Folgen sind bekannt.

Aufgrund der Flottenprogramme der Reichsregierung verfügte die Marine über die modernsten Schiffe. Bei Kriegsausbruch waren die meisten Kriegsschiffe noch keine 15 Jahre alt, für damalige Verhältnisse eine imponierende Zahl.

Die Marine hatte drei Heimathäfen: Die im Atlantik und der Nordsee operierenden Einheiten lagen in Wilhelmshaven, die Ostseeflotte lief von Kiel aus und die Fernostflotte lag vor Kiautschou und Tsingtau.

Die wichtigsten Schiffe der kaiserlichen Marine:

Leichte Kreuzer	*Indienststellung*	*Leichte Kreuzer*	*Indienststellung*	*Leichte Kreuzer*	*Indienststellung*
Amazone	1900	Gefion	1893	Medusa	1900
Arcona	1902	Geier	1894	München	1904
Ariadne	1900	Graudenz	1913	Niobe	1899
Augsburg	1909	Hamburg	1903	Nürnberg	1906
Berlin	1903	Hela	1895	Nymphe	1899
Bremen	1903	Irene	1897	Rostock	1912
Breslau	1911	Karlsruhe	1912	Seeadler	1904
Köln	1909	Königsberg	1905	Stettin	1907
Danzig	1905	Kolberg	1908	Stralsund	1911
Dresden	1907	Leipzig	1905	Straßburg	1911
Emden	1908	Lübeck	1904	Stuttgart	1906
Frauenlob	1902	Magdeburg	1911	Thetis	1900
Gazelle	1898	Mainz	1909	Undine	1902

Schwere Kreuzer	*Indienststellung*	*Schwere Kreuzer*	*Indienststellung*	*Schwere Kreuzer*	*Indienststellung*
Blücher	1908	Hansa	1898	Scharnhorst	1906
Derfflinger	1913	Hertha	1897	Seydlitz	1912
Freya	1897	Kaiserin Augusta	1892	von der Tann	1909
Friedrich Carl	1902	Moltke	1910	Victoria Luise	1897
Fürst Bismarck	1897	Prinz Adalbert	1901	Vineta	1897
Gneisenau	1906	Prinz Heinrich	1900	Yorck	1903
Göben	1911	Roon	1903	Lützow	1913

Linienschiffe	*Indienststellung*	*Linienschiffe*	*Indienststellung*
Brandenburg	1841	Hessen	1903
Braunschweig	1902	Kaiser	1911
Deutschland	1904	Kaiser Barbarossa	1900
Elsaß	1903	Kaiser Friedrich III.	1896
Friedrich der Große	1911	Kaiser Karl der Große	1899
Hannover	1905	Kaiser Wilhelm	1899
Helgoland	1909	Kaiser Wilhelm II.	1897

Linienschiffe	Indienststellung	Linienschiffe	Indienststellung
Kaiserin	1911	Prinzregent Luitpold	1903
König Albert	1912	Rheinland	1908
Lothringen	1904	Schlesien	1906
König	1913	Schwaben	1901
Markgraf	1913	Thüringen	1909
Mecklenburg	1901	Westfalen	1908
Nassau	1908	Wettin	1901
Oldenburg	1910	Wittelsbach	1900
Ostfriesland	1909	Wörth	1892
Pommern	1905	Zähringen	1901
Posen	1908	Großer Kurfürst	1913
Preußen	1903	Kronprinz Wilhelm (vorher Kronprinz)	1914

Ob auf der kaiserlichen Yacht »Hohenzollern« (1892) auch Wehrpflichtige Dienst taten, ist nicht bekannt aber wahrscheinlich.

Neben den vorgenannten Schiffen verfügte die Marine noch über eine erhebliche Zahl von Unterseebooten, Transportschiffen, Torpedobooten u. a.

Reservistenkrüge dieser kleinen Fahrzeuge sind äußerst rar.

Landstützpunkte

1. Matrosen-Artilleriedetachement	Friedrichsort
2. Matrosen-Artilleriedetachement	Wilhelmshaven und Wangeroog
3. Matrosen-Artilleriedetachement	Lehe
4. Matrosen-Artilleriedetachement	Cuxhaven
5. Matrosen-Artilleriedetachement	Helgoland
6. Matrosen-Artilleriedetachement	Kiautschou und Tsingtau
1. Seebataillon (Telegraphen- und Maschinengewehreinheit)	Kiel
2. Seebataillon (Telegraphen- und Maschinengewehreinheit)	Wilhelmshaven
3. Seebataillon Marine-Artillerie-Batterie Maschinengewehrabteilung Pionierkompanie	Tsingtau
4. Heimatbataillon	Cuxhaven
1. Torpedodivision	Kiel
2. Torpedodivision	Wilhelmshaven
Marinebekleidungsamt	Kiel und Wilhelmshaven

Literatur

Bastien, A. P.: Von der Schönheit der Pfeife, München 1976
Bauer, Uta: Stille Museen, ein Führer zu Spezialsammlungen und Fachmuseen, München 1976
Bewaffnung und Ausrüstung der Königl. Bayer. Armee von 1806 bis 1906, München 1899–1907
Ehrenrangliste des ehemaligen deutschen Heeres 1914–1918, Berlin 1923
Frank, Joachim A.: Pfeifen-Brevier, Wien und Berlin 1969
Führer durch das Königlich Bayerische Armeemuseum, München 1912
Führer durch Heer und Flotte, Neudruck von J. Olmes, Krefeld 1974
Graesse, Johann G. Th.: Führer für Sammler von Porzellan und Fayence, Steinzeug, Steingut, 24. Auflage, Braunschweig 1977
Haler, R. von: Die Cavallerie des deutschen Reiches, Neudruck von J. Olmes, Krefeld 1977
Harrell, John L.: Regimental Steins, Frederik, Maryland/USA 1979
Hermann, Wolfgang: Militaria, München 1978
Hochrain, Helmut: Das Lexikon des Pfeifenrauchers, München 1977
Kube, Jan K.: Militaria der deutschen Kaiserzeit, München 1977
Lezius, Manfred: Das Ehrenkleid des Soldaten, Berlin 1936
Markmann, Lothar: Pfeifendunst und Pfeifenkunst, München 1979
Militärhandbuch des Königreiches Bayern, Drucksachenverlag des Kriegsministeriums, München 1911
Pietsch, Paul: Formations- und Uniformierungsgeschichte des preußischen Heeres 1808–1914, Bd. 1 und 2, Hamburg 1963 und 1966
Post, Anton: Mettlacher Steinzeug 1885–1905, Saarwellingen 1976
Rapaport, Benjamin: Antique Pipes, Exton/USA 1979
Scholz, Renate: Humpen und Krüge, Trinkgefäße 16.–20. Jahrhundert, München 1978
Soldatenjahrbuch, München, div. Jahrgänge
Stöwer, Willy, und Wislicenus, Georg (Herausgeber): Kaiser Wilhelm II. und die Marine, Berlin 1912
Teutsch-Lerchenfeld, Bernhard (Herausgeber): Deutschlands Wehr zu Lande und zur See, Leipzig 1903
Transfeld: Wort und Brauch im deutschen Heer, neu überarbeitet von O. Quenstedt, 7. Auflage 1976
Verdaguer, Joaquin: Das Pfeifenraucherbrevier, München 1976
Zopf, Hans: Führer zu Militaria- und Waffensammlungen, Schwäbisch Hall 1977
Ferner amtliche Veöffentlichungen der Kriegsministerien Preußens und Bayerns

Zeitschriften
Orden- und Militaria-Journal, Freiburg, div. Jahrgänge
Reservisten, Herausgeber: Verband der Reservisten der deutschen Bundeswehr, Bonn 1978
Sammler-Journal, Schwäbisch Hall, div. Jahrgänge
Volkskunst, München, Heft 3/1980
Waffen-Journal, Schwäbisch Hall, div. Jahrgänge
Zeitschrift für Heereskunde, Berlin, div. Jahrgänge

Register

Nicht vermerkt sind hier die einzelnen militärischen Einheiten, ihre Standorte und ihre Aufstellungszeit, da diese auf den Seiten 177 – 208 zusammengefaßt wurden.

Abnutzungsspuren 25
Abschiedsszenen 10
Abziehbild(er) 19
Adler 15, 17, **27**
Adler, bekrönter 13
Albert, König von Sachsen **134, 135, 142**
Allegorien 13, 16
Altbayern **122, 123**
Alte Armee 7, 12, 37
Amerikaner 24
Andenken **71**
Anker (-symbolik) 16, 17, **185, 189**
Ansicht(en) **34**
Arbeitsvorgänge 11
Armee, osmanische 38
Armeeverbände 34, 35
Artillerie (Artilleristen) 17, 35 ff., **136, 137, 141**
Aschaffenburg **88, 89**
Aufsplitterung, sprachliche 33
Auftragen des Motivs 18 f.
Auktionsgeschäft 26
Ausgangsschrift, lateinische 31
Ausrüstungsgegenstände 33, **5**
Auszier 13, 29, **41**

Baden 36, **36**
Barbara, Heilige 17
Bayerische Deckel 15
Bayern 8, 17, 34, 36, 38, 39
Bemalung 11, 26, 27
Bergmann, Gebr. **Fig. 6 und 7, Abb. 65, 66, 90, 91, 131, 182, 194, 195**
Berlin **114**
Bespannungsabteilung **138**
Bewertungsmaßstäbe 12, 25 f.
Biergartenausflug **75**
Bierkrugdeckelproduktion 15
Bierkrüge **17, 18, 19**
Bierseidel **98**
Bildbegrenzung **218**
Bildunterschrift(en) 33
Biwak **35**
Blatt- und Bogenornamente 31

Blumendekor 13
Boch, François 18
Bodenbilder 10, **Fig. 5**
Bodenpfeifen 28
Boyensches Dienstpflichtgesetz 39
Brandenburger Tor **114**
Brückenbau **183**
Brustporträt **176**
Bundesfeldherr 34
Burg/Brandenburg **112**

Carl, Prinz von Bayern 63, **122, 123**
Chevaulegers 16, 38
China-Expedition **88, 89**
Corps-Distrikt 36

Darstellung, heroisierende 12
Datierung 26
Daumendrücker (-rast) 17, 20, **Fig. 8, Abb. 6, 62, 121, 149, 154, 175, 176**
Deckel (-auszier) 15, 16
Deckel, reliefierte **1, 2, 3**
Deckelabschluß **80**
Deckelhaube, abschraubbar **64**
Deckelmotive 15 f.
Deckelplattenfassung 20
Deckelszene **7**
Deckelteller 20
Dekor 11, 29, **26, 71**
Detailtreue 20
Deutsch-Französischer Krieg 1870/71 8
Deutschland (Deutsches Reich) 8, 29, 34, 37, 39
Devise **1, 2, 3, 36, 215**
Dienstzeit (aktive) 33, 39 f., **54, 55, 56, 177**
Doppeladler, österreichischer 33
Dragoner 16, 38, **101, 103**
Dragoner-Porzellanpfeife **215**
Dresden 34
Dresden-Neustadt 30
Drittes Reich 8
Druckbuchstaben 33
Druckumrißlinien 30

213

Ehrenrechte 34
Eichenkranz (-laub) 13, 29, **218**
Eichenrankendarstellung **46**
Einheitsbezeichnungen 31, 33
Einjährig-Freiwillige 13, 40, **41**
Eisenbahn (-verbände) 15, 17, 37, **193, 194, 196, 197, 198**
Eisenblech 31
Eisenformen 15
Eisernes Kreuz 20
Eliteeinheit **115**
Elsaß-Lothringen 34
Emailfarben 30
Emblem(e) 16, 31
Enterhaken **185**
Entlassung **7, 179**
Entlohnung 40
Entmilitarisierung 27
Entwurfshersteller 32
Erhaltungszustand 26
Eskadron 36, 38

Fabrikant(en) **31**
Fabrikationsnummer(n) **1, 2, 3**
Fahnendekoration **60**
Farbveränderung 25
Feinddarstellung **117**
Feld-Artillerie, s. a. Artillerie 26, 36
Feldzeugmeister 35
Festungsbekämpfung 37
Festungskommandant (-bauschule) 34 f.
Feuerstellung **181**
Figuration **11**
Flachdeckel **196, 197, 198**
Flaggenschmuck 13
Flieger-Bataillon 37
Foto-Medaillon **192**
Fotografie(n) 32
Frankreich 8, 28, **133**
Franz Josef, Kaiser von Österreich 31
Freihandbemalung 11
Friedrich August von Sachsen **32**
Frontmotiv **101**
Frontstaffage 32

Fürst **36**
Füsilierregiment 37
Fuß-Artillerie, s. a. Artillerie 15, 26, 35 f.

Ganzdarstellungen 10
Garde, berittene 39
Garde-Reiter-Regiment 39
Gardecorps 36
Gardekrug **4**
Gardestern **85, 86**
Gardestern, preußischer 20
Gardeuniform **26**
Garnisonsküche 40
Garnisonsmotiv 15
Garnisonsort(e) 11, 32, **16**
Gefecht **77, 78**
Gehorsam **143**
Generalinspektion 35
Generalstab 35
Germania **57, 161**
Germersheim, Garnison 27
Geschenk **50**
Geschenktasse **100**
Geschoßoberteil 15
Geschoßspitze 15, **149, 150, 151**
Geschütz(e) **136, 137**
Geschützlafetten **147**
Girlande(n) 13, 16
Glas (-krüge) 10, 15, **85, 86**
Glasperlen **149, 150, 151**
Glasstein, geschliffen **83, 204**
Glücksbringer **116**
Graveur (Gravierung) 11
Grenadier **87**
Grenadier-Regiment 37
Grenzbefestigungen, französische 37
Großherzogin **37**
Großherzogtum **36**
Gründungsjahr 40

Hafeneinfahrt **84**
Halbliter-Bierseidel **132**
Halbliter-Reservistenkrüge 18
Halbliterkrüge, geschliffene **96, 97**

Hannover 30
Haube, abschraubbare **72, 73**
Hauptmotiv **4**
Heeresreform, preußische 39
Heeresverwaltung 34
Heimat **172, 173**
Helm **103**
Helmminiatur 31
Henkel (-auszier) **12, 13, 74**
Hersteller (-anschrift) 12, **31**
Herstellung, standardisierte **71**
Historienpfeifen 27
Hoch- und Deutschmeister-Regiment **214**
Hochzeitsfeier **92, 93**
Hoheitszeichen 13, 33
Holzpfeifen 27
Holzrohr **112**
Horn, gedrechseltes **112**
Hornist **71**
Hornplatten **112**
Hufeisen **116**
Husar(en) 38, 161, **104, 106**
Husarenpfeife **219**
Husarenuniform **44, 108, 109**

Identifikationsnummer(n) 19
Industrie 37
Infanterie 15, 35, 37
Infanterie, englische 37
Infanterie, französische 37
Infanterie-Porzellanpfeife **215**
Infanterie-Regimenter 36
Infanteriekrüge 12, 15, 25, 26, **59**
Infanteristen-Pickelhaube **44**
Initialenkartusche **146**

Jäger 15, 17
Jäger-Tschako **85, 86**
Jäger zu Pferde 16, 38
Jägersymbolik **88, 89**
Jägerverbände 36, 39, **85, 86, 87**
Jagddarstellung 10
Jahrhundertwende 11, 13, **20, 101**
Jüterbog **138**

Kaffeeszene **87**
Kaiserkrone 30
Kaisermanöver **28**
Kaiserreich 8, 38
Kaiserschützen-Porzellanpfeife **216**
Kaliber **163**
Kamerad (-schaft) **7, 92, 93**
Kampfhandlungen 40
Kanone(n) 15, 33
Kanonier **139**
Kantonsverfassung 39
Kaserne **214**
Kaufpreis 11
Kavallerie, leichte und schwere 16, 35, 38
Kavallerie-Regimenter 36, 38f., 98ff.
Kavalleriekrug 13
Kavalleristen-Pfeife **215**
Keramik-Museum Mettlach 20
Keramikkrug 10, **22**
Keramikmanufaktur 18
Königs-Ulanen **124**
Königsberg i. Preußen 35
Königskrone, bayerische **61, 62**
Kolorierung 24
Kontingente 34
Kopfrand 31
Kopie 25
Korpus 31
Kriegsministerium, preußisches 34
Kriegsschauplätze 35
Kriegsschiff **212**
Krone 16
Krücke 20
Krugformen 13
Kruggröße 26
Krughändler 24
Krugherstellung 11
Kruginhaber 13, **7**
Krugkörper 18
Krugmaler 10
Krugmittelpunkt **5**
Kürassiere 16, 38
Kurfürst von Sachsen 39

Ladenhandel 26
Ladestock **170**
Landesbehörden 34
Landesfarben 13
Landesherr **34**
Landeswappen 17
Landsturm (-pflicht) 40
Landwehrpflicht 40
Leibregiment 36, **37**
Liebhaberanfertigungen 8
Liefergebiete 12
Lindau **84**
Linienschiff **213**
Literkrug **110, 111**
Lobspruch (-sprüche) 13
Löwe 17
Löwe, bayerischer **61, 62**
Löwenhelm 39
Lokomotive, s. a. Eisenbahn 15
Lorbeerkranz 33
Losungsreime 14
Ludwig II., König von Bayern 10
Ludwig, Prinz von Bayern **76**
Luftschiff **65, 66, 200**
Luftschiffer-Bataillon 16, 37
Luitpold, Prinzregent **76, 81, 82**

Mainz **164**
Majestät **115**
Malspuren 24
Manöver (-leben) 14, 40
Manöverdarstellungen (-szenen) **23, 29, 54, 55, 56**
Marine 16, 17, 34, 40
Marinedeckel **212**
Materialien 9, 27
Matrosen 16
Medaillon **16**
Meerschaum, echter, imitierter (-pfeifen) 27, 31
Metalldeckel **216**
Metallfassung **27**
Mettlach 18 f.
Mettlach-Katalog 16

Mettlach-Krüge 11
Mettlach-Signet 18, **Fig. 9**
Metz **67**
Militär-Andenkenkrüge, bayerische **92, 94, 96**
Militärdienst 39
Militärdistrikte 36
Militärgegenstände **1, 2, 3**
Militärmusiker **71**
Militärpfeifen 27
Militärsymbole **130**
Militariahändler 26
Militarisierungswelle 28
Militarismus 24
Mobilmachung 34
Montgelas, Graf **61, 62**
Motivauswahl (-vielfalt, -vorlagen) 10, 32
Motive 19 f.
Motorisierte Einheit 16
München 8, 11, 34
Münster i. Westf. 35
Mundstück (-rohling) 28

Nachbildungen 24, **96, 97**
Namenleisten 13, 30, 31, **12, 13, 57**
Namenverzeichnis 13
Napoleonische Befreiungskriege 39
Norddeutscher Bund 39

Oberfläche 25
Österreich 8
Österreich-Ungarn 28
Offizier(e) 13, 34, 46
Offizierskorps **30**
Oghlan 38
Orden 16
Originalitätswert 27
Ornamente 16
Ostasiatisches Infanterie-Regiment **88, 89**
Ostgebiete 26

Paraden **113**
Passau **76**
Pfeifendekor (-elemente) 33, **156**

Pfeifenformstil 28
Pfeifenhersteller, österreichische 31
Pfeifenkopf (-deckel, -zapfen) 29 ff., 33
Pfeifenkultur 27
Pfeifenmaler 30 f.
Pfeifenrohr (-schlauch, -schnur) 28 f.
Pfeifensack 29, 33, **216**
Pfeifenschneiderhandwerk 31
Pfeifentyp 27
Pickelhaube 31, **Fig. 11**
Pickelhaube, bayerische **96, 97**
Pionierbrücke **194**
Pioniere 16, 36
Plakette **113**
Porträt (-deckel) 10, 32, **217**
Porzellan 15, 27
Porzellaneinsatz **122, 123**
Porzellankrug 9, 10
Porzellanmaler(ei) 30, **75**
Porzellanrohling (-stärke, -wulst) 8, 10, 33
Postkarten 10
Potsdam 35, 38
Preisanstieg 25
Preußen 17, 34, 38
Prisma 16
Prismenglaseinsatz 68, **74, 76, 77, 178, 187, 189**
Produktion 18
Produktionsnummern 19
Produktionsnummern Mettlach-Reservistenkrüge 21 ff.
Proportionen 30

Qualitätsunterschiede 12
Quartiernahme 32, **127, 128**

Raritäten 20
Rathaus, Münchner **61, 62**
Raupenhelm **94, 95**
Regensburg **75**
Regimentsbäcker **8, 9, 10**
Regimentswürfel 28
Regimentszahl **5, 20, 67**
Regionalisierung 32

Reichsadler **16, 119, 120, 121**
Reichsapfel **78**
Reichsflagge 16, **31**
Reichsgebiet 12, **16**
Reichskriegsflagge **204**
Reichsmilitärgesetz 34
Reichssymbolik **45, 130**
Reiter, s. a. Kavallerie 15 ff.
Reitergefechtsszenen **108**
Reiterplastik **114**
Reiterszene **168**
Rekruten 15, **45**
Rekruten, neu einberufene 40
Relief 16
Reliefierung **59**
Repräsentationspfeife 28
Reproduktionen 24, 25
Reservatrechte 34
Reservisten **72, 73**
Reservistenbild 27
Reservistenkrugdeckel **43**
Reservistenkrugforschung 18
Reservistenpfeife 26 ff.
Reservistenpfeifenkopf 30, **11**
Reservistenschale **87**
Reservistenschnapsflasche 27
Reservistenzeit 40, **7**
Roßhaar **103**
Rotkreuzwappen **184**
Ruhla, Stadt 27
Rundpodest **157, 158**
Rupprecht, Kronprinz v. Bayern **61, 62, 76**

Sachsen 17, 34
Säbel **191**
Säulen **119, 120, 121**
Säulen, beschriftete 13
Säulenabschluß 13
Sammelrichtungen 12, 23
Sammlerstück 33
Samtkissen **61, 62**
Sankt Hubertus-Hirschkopf 17
Schablonen 31
Scharnier 31

Schießausrüstung 39
Schlachten **1, 2, 3**
Schlachten- und Militärmaler 10
Schraubdeckel 15f.
Schrift, lateinische 33
Schriftband **28**
Schriftleisten 8
Schriftzeichen, gedruckte 31
Schulterklappen **193**
Schuppenkette 31, **44**
Schwere Reiter 16, 38
See-Bataillon **88, 89**
Seefahrt **185**
Seegefechte 16, **201, 202, 203**
Seeleute **205, 206**
Seitenbild **103**
Siebdruckkrüge (-verfahren) 24
Signalhorn **71**
Signaturen 33
Sinnsprüche 16
Soldatenfreud und -leid **51, 52, 53**
Soldatenkopf, plastisch gearbeiteter **74**
Soldatenszenen 32, 36, **12, 13**
Spätphase 12, **16**
Speliedt, Otto **112**
Spezialisierung 23
Spitzenstücke 12
Staffage **59**
Stahldruck (-hersteller) 10f., 29
Stahldruckmotive 11f.
Stahlstiche 11
Standdekor **15**
Steingutkrüge 10
Steinzeugkrüge 15, **92, 93, 94, 95**
Steinzeugreservistenkrüge 10
Stettin 35
Steyr 33
Stilbruch 16
Studenten 40
Studentenpfeifen 8
Stuttgart 34
Süddeutschland 15
Symbole, militärische **69, 70**
Symbolische Embleme 29f.

Tambour **84**
Tannert, E. (Maler) 30
Teilreproduktionen 24
Telegraphenverbände 16, 36
Territorium 40
Thorn **114**
Tiermediziner 40
Tonpfeifen 27
Traditionsleben 18, 37, 39
Train-Einheiten 16, 36
Transparentbilder **110, 111**
Truppenteil(e) 15
Tschako 15
Tschapka 38

Übungen 40
Übungsgelände **149, 150, 151**
Ulan(en) 38, **100**
Ulanka 38, **116**
Uniform(en) 38, 40, **42, 87, 113**
Universaldeckel 31
Unterbau, hoher **12, 13**
Ursprünge 28

Verarbeitung 18
Verbandszugehörigkeit 29
Vergrößerungsglas 31
Verschiedenheiten, regionale 15
Verschlußkappe **27**
Verzierungen 29, 31
Villeroy & Boch 10, 18, **Fig. 10**
Volkssturm 40
Vorlagebuch **Fig. 6 und 7, Abb. 65, 66, 90, 91, 131, 182, 194, 195**
Vorlagen 11

Wachhäuschen **47**
Wachszene **14**
Wacker, J. H. (Maler) **8, 9, 10**
Waffendarstellung 16, 20
Waffengattungen 15, 17, 23, 26
Wagner, Rudolf (Zinngießer) 20
Walzenkrüge 9
Wappen 16, **36**

Wappen, hessisches **38, 39**
Wappendekoration **60**
Wappensymbolik **40**
Wappentiere **6, 67, 174, 175**
Wassersack 33
Webeking, H. (Maler) 30
Wehrpflicht, allgemeine 39
Wehrpflichtiger, gemusterter 40
Wehrpflichtzeit 14
Wehrsold 40
Weltkrieg, Erster 8, 36
Weltkrieg, Zweiter 24
Wien 31
Wieninger, G., sen. (Hersteller) **31**
Wilhelm I. **33, 153, 154, 155**

Wilhelm II. **26, 44, 48, 108, 109, 113, 115, 176, 213**
Wilhelminisches Reich 27
Wirtshausszenen 10
Württemberg 34
Württembergische Krüge 13
Wulst 13

Zechgeld **72, 73**
Zeitgeschmack 12
Zierringe 13
Zinndeckel 15, 20, 25, **68**
Zinngießerei 20
Zinnmontierung **6**
Zinnstandfuß **94, 95**

Fotonachweis   Den Aufnahmen von Günter v. Voithenberg, München, wurden noch folgende hinzugefügt:
Baur, Helmuth; München   Abb. 92, 93, 178
Foto Patzelt, München   Abb. 214, 215, 216, 217
Foto Scheuerer, Ingolstadt   Abb. 74, 75, 94, 95, 96, 97
Keramik-Museum Mettlach   Fig. 9, 10